DANUZA LEÃO
DE MALAS PRONTAS

FSC
Fontes Mistas
Grupo de produtos proveniente de florestas bem manejadas e outras fontes controladas
Cert no. SW-COC-001662
www.fsc.org
© 1996 Forest Stewardship Council

A marca FSC é a garantia de que a madeira utilizada na fabricação do papel deste livro provém de florestas de origem controlada e que foram gerenciadas de maneira ambientalmente correta, socialmente justa e economicamente viável.

DANUZA LEÃO

DE MALAS PRONTAS

Companhia Das Letras

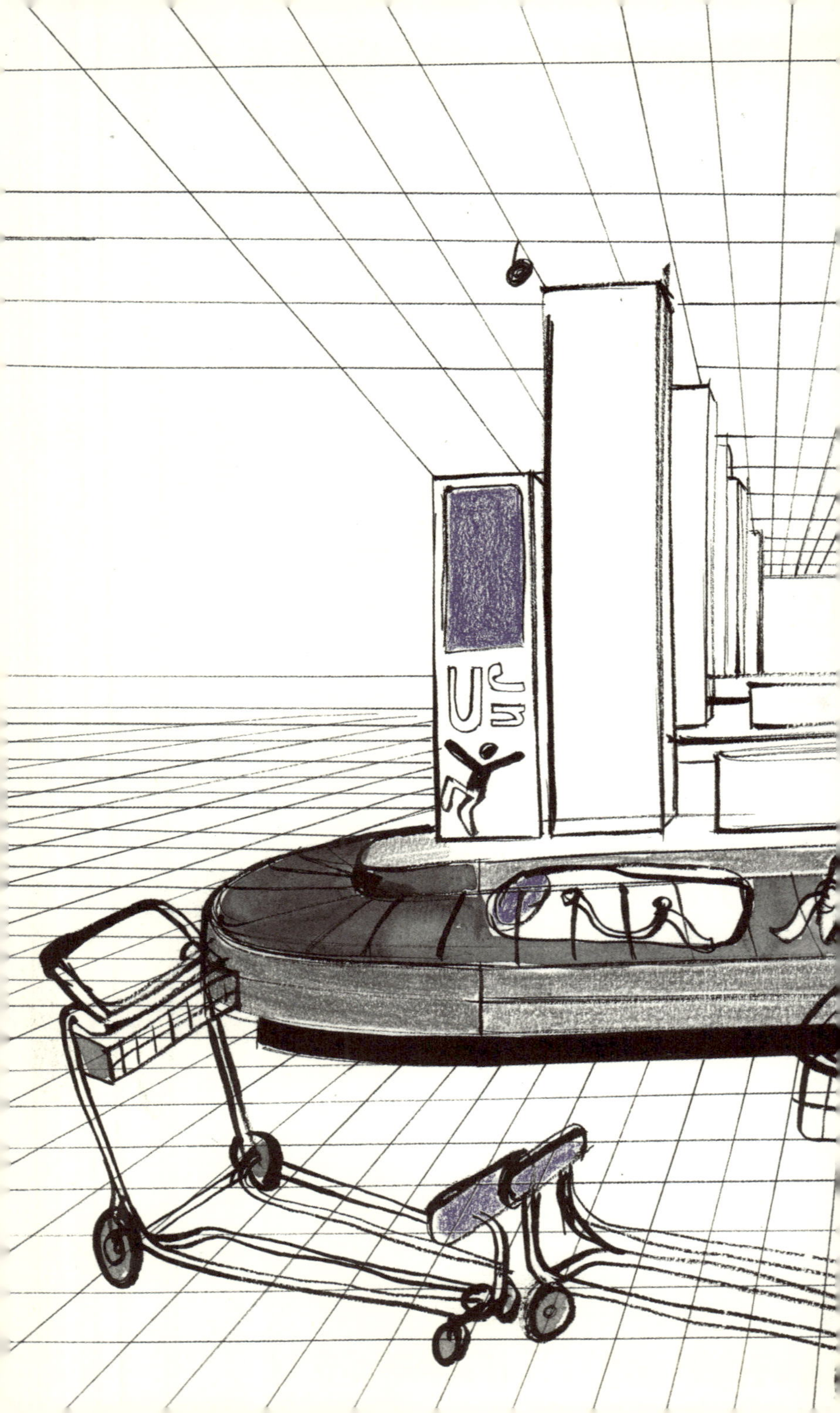

13
12
11

Grafia atualizada segundo o Acordo
Ortográfico da Língua Portuguesa de 1990,
que entrou em vigor no Brasil em 2009.

capa
WARRAKLOUREIRO

imagem de capa e miolo
FILIPE JARDIM

endereços
LUIZA LEMOS

preparação de texto
MÁRCIA COPOLA

revisão
CARMEN S. DA COSTA
ISABEL JORGE CURY

Dados Internacionais de Catalogação na Publicação (CIP)
(Câmara Brasileira do Livro, SP, Brasil)

Leão, Danuza

De malas prontas / Danuza Leão. — São Paulo :
Companhia das Letras, 2009.

ISBN 978-85-359-1587-7

1. São Paulo (SP) — Descrição e viagens
2. Viajantes — Narrativas pessoais I. Título.

09-11881 CDD-918.18161

Índice para catálogo sistemático :
1. São Paulo : Cidade : Descrição e viagens 918.18161

EDITORA SCHWARCZ LTDA.
Rua Bandeira Paulista 702 cj. 32
04532-002 — São Paulo — SP
telefone (11) 3707-3500
fax (11) 3707-3501
www.companhiadasletras.com.br

SUMÁRIO

SÃO PAULO

SÃO PAULO – MECA

Quando pinta um feriado que emenda com um fim de semana, vem logo a vontade de viajar; mas para onde? Pois seja original: esqueça Salvador, aonde você já foi tantas vezes, o Nordeste inteiro, com seu mar maravilhoso, o Pantanal, Miami, e vá para São Paulo, onde terá belas surpresas. Você não sabe — como eu não sabia — o que é a cidade em feriados. Não há trânsito, viva!, os restaurantes estão mais vazios; São Paulo na Semana Santa é o paraíso (e o comércio praticamente não fecha).

Houve um tempo em que eu ia a São Paulo com uma certa frequência; ainda muito jovem, com dezesseis, dezessete anos, não perdia um Grande Prêmio no Jockey Club, pois, na semana que o antecedia, eram coquetéis, jantares e festas todos os dias, e uma turma de garotas do Rio, daquelas que gostavam de um agito — como eu —, não ia perder o GP São Paulo. E logo um paulistano se encantou comigo, e namoramos um pouquinho — só um pouquinho. Seu nome era Carlão Mesquita, e sua família, dona do jornal *O Estado de S. Paulo*.

Um dia ele me convidou para ir ver as obras do novo edifício do jornal, perto do antigo Hotel Jaraguá. Lá fomos nós, e subimos seis ou sete andares de escada, já que os elevadores ainda não estavam funcionando. Carlão, entusiasmado, me mostrava onde ia ser a redação, a oficina, a sala do editor, e eu prestando a maior atenção. A imprensa sempre foi meu fraco, como se vê. Quando terminamos a visita, eu, garota, carioca e totalmente alienada, perguntei, com grande interesse: "E quando é que o jornal vai começar a sair?". Essa era a pior ofensa que podia ser feita a um Mesquita. Pois foi a partir daí que Carlão se apaixonou por mim; claro, uma menina como eu não saber que o poderoso *Estadão* existia tinha que fazer aquele efeito.

Mas Carlão era paulistano demais para a minha cabeça; voltei para o Rio e para minha praia, e só nos encontramos de novo em Paris, no Bar Anglais do Plaza Athénée, eu já casada com Samuel Wainer. Ficou muito claro que ele ainda era sensível a meus charmes, digamos assim. E nesse encontro eu até já sabia o que era o *Estadão*, que não poupou Samuel, na tentativa de acabar com Getulio e com a *Última Hora*. Mas essa é outra história.

São Paulo era bem diferente do que é hoje: havia os quatrocentões, de sobrenome Prado, Alves Lima, Penteado, os italianos, que eram olhados meio de banda, e os libaneses — turcos, como eram chamados —, que não tinham nenhum acesso ao dito society.

Mas São Paulo mudou, e eu praticamente não conhecia essa nova São Paulo. Ia num dia e voltava no outro, às vezes até na mesma noite, sempre a trabalho, e desperdiçava quase todo o meu tempo dentro de um táxi, em engarrafamentos colossais. Mas quis o destino que na última Sexta-Feira da Paixão eu pegasse um avião e fosse passar uns dias na cidade. Foi quando pude conhecê-la melhor e entender por que os paulistanos gostam tanto dela — apesar de tantos estarem se mudando para o Rio.

Foi difícil escolher em que hotel ficar. As pessoas só me indicavam ou os famosos, modernos e luxuosíssimos, ou os do tipo americano, com duzentos andares e quinhentos apartamentos por andar, ou apart-hotéis. Eu gosto de luxo, porém não preciso dele para viver; sou até bem simples, mas tenho verdadeiro pavor a qualquer apart-hotel do mundo — e não existe cidade no planeta que tenha mais aparts do que São Paulo. Aquele clima de homens de negócios de pastinha na mão que foram para uma reunião e que voltam na manhã seguinte me deprime. E não há um só que tenha um quarto quadrado, um banheiro quadrado; num apart tudo é meio torto, e todos têm cheiro de mofo.

Resolvi arriscar: peguei um táxi no aeroporto e dei o endereço de um dos "hotéis" que tinham me indicado. O motorista não sabia onde era, claro, porque nenhum motorista de São Paulo conhece endereço algum, embora quase todos tenham GPS. Quando paramos e vi que se tratava de um apart, disse logo: "Nem pensar". E fomos indo de hotel em hotel, com a maior dificuldade, eu ligando do celular para os amigos para saber os endereços e ver de qual gostava mais.

Comecei pelo Fasano, que é de um enorme bom gosto, com um hall na entrada, e um bar que dá a impressão de que ali você vai encontrar o homem de sua vida. Sentei numa cadeirinha do bar e pedi uma vodca tônica, para festejar minha chegada à cidade. Só lamentei não estar com uma ótima companhia, no entanto nada é perfeito. Mas o Fasano, apesar do seu indiscutível requinte, não era exatamente o que eu estava procurando. Meus amigos mais alternativos poderiam ser olhados de banda naquele bar fantástico.

De pergunta em pergunta chegamos ao Emiliano, todo moderno, com cadeiras dos irmãos Campana na entrada. Mas tão vazio — portaria, bar e restaurante — que parecia ainda não ter sido inaugurado. Pedi para ver um quarto, e me mostraram algo realmente inusitado: apertando um botão, você pode regular a temperatura da tábua do vaso sanitário, o que quase me matou de medo. E se eu apertasse o botão errado e saísse toda queimada, sem poder sentar durante meses? É nesse hotel que Gisele Bündchen se hospeda; quando a top toma o elevador, ele sobe para seu andar ou desce para a portaria, sem parar no caminho, para não tirar a paz da bela. E, quando Beth Lagardère esteve lá, havia uma camareira à sua disposição 24 horas por dia, para ajudá-la a tirar os sapatos, desabotoar a blusa, essas coisas que nenhuma mulher que se preze sabe — ou deve — fazer sozinha. Não, também não era o hotel dos meus sonhos.

Rumei então para o Unique, cujo bar é o must dos candidatos a playboy da cidade. Entrei na portaria — toda negra, chão e paredes — e resolvi subir direto para o bar, no último andar, com uma vista deslumbrante de São Paulo, para tomar um drinque e sentir o clima, também dominado pela cor negra. O lugar é tão moderninho, as pessoas tão jovens, os garçons tão escolhidos a dedo, pela simpatia, a música tão modernamente insuportável, que pedi uma vodca com a conta junto e saí correndo, com medo de que um vampiro ou um morcego me atacassem. Decididamente, aquela não era minha praia.

Havia também o Hyatt, onde ficaram Madonna e Elton John, mas não pertenço à turma do show business. E o Tivoli, que eu conhecia por ter ido uma ocasião visitar uma amiga e cujo hall de entrada será, um dia, ponto turístico da cidade. Lembro que a cama era tão grande, mas tão grande, que nela caberiam cinco ou seis pessoas, e eu era uma só. Não, não era bem o que eu procurava.

Já estava à beira do desespero quando meu anjo da guarda me lembrou de um lugar onde eu tinha me hospedado muito tempo antes e que havia adorado: o L'Hotel, que faz parte da cadeia não dos Leading Hotels of the World, mas dos Leading Small Hotels of the World. Ele é *cosy*, elegante e discreto, decorado por Jorge Hue, um dos arquitetos de maior bom gosto do país. Fui recebida com todas as gentilezas possíveis, e o melhor de tudo: eles tinham conservado minha ficha; por isso, bastou uma assinatura, ou seja, não tive que preencher aquele cadastro igual ao que você preenche nos bancos quando quer abrir uma conta. Os outros hotéis custavam em torno de mil reais por dia, e o meu, tudo o que eu queria na vida, a metade. Nada como saber das coisas.

Gracinhas do hotel: quando você chega à noite, além dos chocolatinhos de praxe, encontra debaixo da porta do quarto o boletim meteorológico anunciando qual a temperatura do dia seguinte (como se adiantasse; em São Paulo, o tempo muda a cada quinze minutos). No café da manhã — uma mesa tão grande e repleta de coisas gostosas que você se sente na casa de Dona Canô, mãe de Caetano Veloso —, uma moça delicada e cheia de boas intenções me explica que até um certo ponto da mesa tudo é light; eu, que costumo tomar no café da manhã um iogurte com adoçante, comi todos os bolos, queijos e presuntos, e senti a delícia que é um pãozinho fresco com manteiga. Comi, e depois só fiz me arrepender, claro. Foi assim todos os dias: comer e me arrepender, mas a carne é fraca — a minha, pelo menos, é. Ah, e te oferecem champanhe para misturar no suco de laranja.

Outra gracinha: quando o hotel recebe árabes, a direção põe no quarto deles uma pequena bússola, para que esses hóspedes possam se posicionar corretamente na hora de rezar. E me forneceram uma lista de 72 países (só dos Estados Unidos, havia noventa cidades) — alguns eu nem sabia que existiam: se eu quisesse um jornal de qualquer um desses lugares, bastava fazer uma cruzinha do lado, como nas churrascarias. Achei isso o máximo, e quis ver para crer; pedi um jornal do Kuwait e um da República Dominicana, e não é que eles chegaram?

Na minha ronda pelos hotéis não cheguei a tocar nos lençóis — que deviam ser de algodão egípcio, claro —, para ver com quantos fios eram feitos; aliás, nem saberia contar, só sei que quanto mais fios melhor. Aprendi ainda que não é apenas uma questão de quantidade de fios, mas da região do Egito em que o algodão foi colhido, e existem jogos de cama que custam a bagatela de 15 mil dólares. Frescura é uma delícia, mas também não é preciso exagerar.

FEIJOADA LIGHT

Os cariocas voltam de São Paulo deslumbrados, dizendo: "É outro país". Pois estão enganados: não é outro país, são vários outros países, com diversas culturas, e quem demorar muito tempo para ir novamente à cidade vai levar um susto. Aquela região que não era nada pode ter se transformado num point badaladíssimo, e é isso que está acontecendo pela cidade inteira. Bairros que não tinham charme algum passam a ser disputados por variados tipos de gente, porque o que não falta em São Paulo são tribos. Elas são muitas, dezenas, centenas mesmo, e nenhuma toma conhecimento da outra.

Já eram umas dez horas da noite; achei um pouco tarde para dar início aos telefonemas, mas os horários de São Paulo são completamente diferentes dos do Rio. As festas começam às duas da manhã, algumas às quatro, nenhuma discoteca que faça sucesso abre as portas antes da meia-noite, portanto dez horas era até muito cedo. Mas ousei, e no primeiro telefonema já ficou combinado um almoço no Massimo, no dia seguinte, à uma hora.

Foi difícil chegar, porque é claro que o motorista de táxi deu voltas nos quarteirões próximos durante uns bons quinze minutos. Cheguei atrasada, mas o restaurante não estava muito cheio. Lá tive uma experiência inédita: comi uma feijoada absolutamente light. O maître me explicou que as gorduras, mesmo as mínimas, de todas as carnes, linguiças, paio etc. são retiradas, o que faz com que ela fique leve como um suflê. Vivendo e aprendendo. Saí me sentindo uma borboleta, e fui dar um passeio nas famosas ruas Oscar Freire, Bela Cintra, na Alameda Santos, enfim, no *quartier chic* da cidade, onde estão todas as lojas de grife — ou quase todas.

E me senti como na Avenue Montaigne no seu pior sentido, pois eram tantas as lojas de bolsas com tachas e fivelas enormes, tantas as lojas de sapatos praticamente iguais, e as de vestidos, e as de suéteres, e as de coisas totalmente inúteis mas lindamente dispostas nas vitrines, mais as moças que passavam por mim, todas de cabelo comprido e liso, todas de salto alto, que foi como se eu tivesse comido uma feijoada cheia de gordura. Fiquei tonta, e nunca tive tão pouca vontade de comprar alguma coisa.

Mas fui obrigada a visitar a loja da qual todos falam na cidade, a NK Store, da Natalie Klein (neta do dono das Casas Bahia), uma multimarcas que vende uma camiseta por setecentos reais (perua chique não quer mais ser vista na Daslu). Dentro, nem uma alma, só a glória de ser acoplada à Marc Jacobs. Nada me deu taquicardia, mas na-da. Fui gentilmente colocada num táxi e, chegando ao hotel, caí na cama como se tivesse voltado de uma guerra.

As lojas de grife estão para as mais populares assim como os antiquários para os brechós. Acho bem mais divertido garimpar num monte de coisas velhas e encontrar um objeto maravilhoso do que ver aquele mesmo objeto lavado e lustrado, num pedestal de mármore. Quando alguém me diz: "Mas que saia incrível", eu prefiro poder responder: "Comprei na Galeria Ouro Fino" a dizer: "É da Daslu". Nessa hora me sinto mais criativa, mais engraçada, mais esperta. Saber que paguei cinquenta reais em lugar de 5 mil me faz bem.

DEIXA A VIDA TE LEVAR

Fiquei impressionada ao ver como os paulistanos respeitam os sinais de trânsito, pedestres inclusive. Quando fui, cariocamente, atravessar uma rua deserta, minha amiga segurou meu braço e disse: "Não, o sinal está fechado". Evitei responder com o carioquíssimo "e daí?", e a partir desse momento comecei a me comportar civilizadamente, como todos deveriam fazer. Nas ruas por onde passei, nem um papelzinho do tamanho de um selo. As pessoas que saem com seus cachorros levam um saquinho de plástico e uma pazinha. Tudo limpo, tão limpo que dá gosto. E outra coisa: em certos bairros, a cidade está mais verde. Para onde quer que você olhe, vê árvores, algumas até floridas. Nesses lugares, São Paulo mudou.

A cidade é imensa e toda "espalhada", e isso leva aqueles que não a conhecem a não ter noção do lugar onde estão ou para onde vão. As pessoas são divididas em várias classes sociais; as chiquérrimas, que têm pelo menos dois sobrenomes (compostos), não vão a nenhum lugar da moda. Só se dão entre si e frequentam clubes não acessíveis ao comum dos mortais (no Helvetia tem até estacionamento para helicópteros). Também não vão a Miami, só a Nova York, Londres e Paris.

Tem a enorme comunidade gay, com todas as suas subdivisões; as drags; as peruas discretas, as peruas que aparecem na *Caras*; os famosos tipo Jô Soares, Arnaldo Jabor; os playboyzinhos que só namoram modelos, as modelos que só namoram playboyzinhos; os artistas amigos da Hebe, e a turma da moda, também com todas as suas subdivisões. E São Paulo tem uma coisa maravilhosa: as pessoas cumprem os horários, os orçamentos e os prazos. Ah, como isso deve ser bom.

A partir desse primeiro dia, minha cabeça virou um turbilhão, e, como Zeca Pagodinho, deixei a vida me levar; não parei mais um único minuto, e minha grande dificuldade foi com a meteorologia. Apesar do que dizia o boletim do hotel, podia perfeitamente fazer frio de manhã, calor à tarde e gelar à noite — ou tudo ao contrário. O clima é tão pitoresco, que às vezes faz sol de um lado da rua e chove do outro, uma alucinação. Se você for passar um só dia em São Paulo, é fundamental levar uma roupa de verão, uma de meia-estação e uma jaquetinha básica de pele (para não se arriscar a pegar uma pneumonia). Ah, e uma pashmina também.

E, por falar em shopping, fui visitar o mais novo e luxuoso, o Cidade Jardim. Lá estão as marcas mais famosas do planeta: Chanel, Armani, Hermès — esta, segundo me informaram, demorou a abrir porque a mercadoria é feita em vários lugares do mundo, vem para o Brasil, daqui é mandada para a França, a fim de passar pelo controle de qualidade, volta, e só então a loja tem permissão para vender. Depois de tantas viagens, quanto custará uma agenda, que em Paris já é tão cara?

As únicas coisas que me interessaram foram um vestidinho Chanel azul-marinho, o básico do básico, que custava 8500 reais; um blazer de 12 mil reais; e um vestido preto de lã de 19 mil reais, que tal? No shopping, o aroma que se respira foi criado especialmente para o Cidade Jardim. E lá existe uma linda livraria, a da Vila, que é quem está se dando bem. Como ninguém compra nada, as clientes, para não irem embora com as mãos abanando, entram na livraria e saem com seu pacotinho, e viva a literatura!

O shopping é bonito, vamos reconhecer, e no centro há um jardim com árvores de todos os tamanhos, algumas altíssimas. Fui saber e soube: quando as obras começaram, todas as árvores do terreno foram removidas e colocadas num viveiro; quando o Cidade Jardim ficou pronto, elas foram replantadas, e lá estão, lindas e fortes. Até jabuticabeiras tem, e já dando frutos. O estacionamento custa vinte reais, e os cinemas são seis. Um deles é o vipérrimo, com cadeiras de couro onde você pode se deitar como na primeira classe de um avião (cinquenta reais o ingresso). Antes de entrar, você faz seu pedido no bar, e o garçom leva pipocas no azeite de trufas, docinhos e salgadinhos, com um copo de champanhe ou de vinho. Chique, não?

Mas o melhor vem agora: quando madame chega com seu cachorrinho, alguém se encarrega de levá-la ao fraldário, no terceiro andar, onde outro alguém põe uma fralda no lulu, para que não aconteçam episódios previsíveis no chão do lindo shopping. E, na saída, mais uma passada para tirar a fralda, que pode ser de dois tipos: um para os garotos e outro para as garotas. Ah, São Paulo, só você.

FOIE GRAS COM PERA E CHIPS DE JILÓ

A cidade tem a fama — merecida — de dispor de bons restaurantes. Bons e tantos, que não se sabe a qual deles ir; são 12 500, com setenta tipos diferentes de cozinha, o que só complica a vida dos forasteiros. Existem os tradicionais imperdíveis, com menção especial para o La Casserole, que envelheceu bem, sem nunca trocar seu *décor* nem inovar suas receitas, e onde se come um coelho de babar, de tão delicioso. Quem estiver inspirado na saída poderá comprar umas flores no quiosque e oferecer à sua dama; ir ao La Casserole é uma viagem no tempo.

Tem o Arabia, que aos sábados serve um cuscuz marroquino inesquecível, o Rodeio, churrascaria de alto respeito, o Terraço Itália, onde, à noite, você toma um drinque vendo a cidade inteira iluminada; divino, esse programa meio brega. E tem o La Tambouille, com sua original trilogia de cordeiro — filé, contrafilé e costeletas —, o La Brasserie, e tantos outros que fui aos que pude (afinal, não se pode almoçar e jantar duas vezes por dia) e voltei com cinco quilos a mais. Mas valeu.

Na região dos Jardins, há dezenas de pequenos cafés onde você pode fazer um lanchinho rápido tendo a certeza de que vai se dar bem. No Santo Grão os ovos Benedict são tão bons quanto os do brunch do Waldorf Astoria (ou melhores), e no Le Buteque — restaurante prêt-à-porter do chef Erick Jacquin, dono do La Brasserie — a *sauce béarnaise* que acompanha o maravilhoso *entrecôte* é tão boa quanto a melhor de Paris. Preço para duas pessoas, tomando Coca-Cola, 130 reais. E, se for início de mês, vá ao La Brasserie e peça o *foie gras* fresco com pera caramelada, é de comer rezando.

Em matéria de restaurantes chiques e caros, um jantar para dois no Fasano, cada um tomando três marguerites e comendo uma vitela à milanesa — sem vinho, sem sobremesa —, sai por 530 reais. Caro, mas desde quando o bom é barato? O top, no entanto, foi o Jun Sakamoto, restaurante japonês onde cabem, em mesinhas, dezesseis pessoas, e mais umas dez no bar. Você pode pensar que todos os sushis são iguais: ledo engano; os do Jun Sakamoto, com sua elegante simplicidade, Miles Davis tocando baixinho ao fundo, fizeram com que eu me sentisse no nirvana. É caro, muito caro, mas inesquecível; um evento, eu diria. Valeram os 630 reais (com quatro saquês), valeram mesmo.

E as cantinas? São centenas; a Famiglia Mancini, na Rua Avanhandava, é talvez a mais famosa, e aos domingos tem fila na porta. A família é muito caprichosa: recuperou a pequena rua, encheu-a de verde e ela ficou linda.

Mas não é só nesses lugares chiques e caros, ou mais tradicionais, que se come bem. No Mocotó, em Vila Medeiros, foi difícil escolher entre um atolado de bode, um sarapatel, uma carne de sol e uma favada, e saber que cachaça pedir para acompanhar. São mais de 350 marcas, um pecado. A rua fica cheia de gente esperando por uma mesa.

E no Bar da Dona Onça, no térreo do Edifício Copan, provei uma saborosa comidinha de casa: fígado acebolado, e depois galinha ensopada com quiabo e angu (mas também tinha carne de onça, que é o *steak tartare*), chips de jiló e caldo de mocotó. O menu, em que um dos itens é "arroz soltinho" — que delícia, um menu que explica que o arroz é soltinho —, é de onça, a geladeira é forrada de onça, e em todas as fotos nas paredes tem uma oncinha — uma na mão do nosso Cristo Redentor, outra no Vaticano. Ah, e o célebre Edifício Copan voltou à moda. Os 1200 apartamentos, que têm desde trinta metros quadrados (vinte por andar) até 250 metros quadrados (dois por andar), são todos regidos pela mão de um só síndico; um quase prefeito, eu diria. Aliás, o Copan é o oposto do que pensa o arquiteto Paulo Mendes da Rocha: que um prédio não deve ser tão alto que impeça o filho de ouvir a voz da mãe chamando para o almoço.

Mas, voltando aos bares, é impossível não mencionar a coxinha de galinha do Frangó, na Freguesia do Ó, que, segundo o menu, é "a mais premiada e mais famosa do planeta". Para acompanhar, uma cerveja — e eles têm trezentas marcas à escolha do freguês.

E ainda tem a noite com Lilian Gonçalves, filha do grande Nelson Gonçalves. Lilian, sempre que passava por uma rua e sentia cheiro de churrasquinho, morria de vontade de comer mas não tinha coragem. Um dia ela resolveu abrir um restaurante na Rua Canuto do Val, em

Santa Cecília, onde só servia churrasquinho e cobrava de cinquenta centavos a um real. Hoje ela é dona de seis estabelecimentos, todos nessa mesma rua, um ao lado do outro. Quatro nomes: Siga La Vaca, Biroska, a Casa dos Artistas, Frango com Tudo e, é claro, Bar do Nelson. Ela dirige todos com mão de ferro, e sozinha; no total, recebe 5 mil pessoas por dia.

E também tem o Bar dos Cornos, onde, quando entra alguém desconhecido, um sino bate e ouve-se um grito: "Olha um corno novo chegando". São Paulo tem mesmo de tudo.

SÃO PAULO 24 HORAS

Aos sábados e domingos o paulistano sai para fazer seu brunch na rua, sempre com amigos. Esse brunch pode ser feito em pequenos cafés ou nas padarias — uma tradição da cidade —, que são absolutamente maravilhosas.

A Galeria dos Pães, aberta 24 horas, serve o melhor pão, a melhor manteiga, a melhor mortadela, o melhor presunto, e ainda conta com uma enorme variedade de produtos para você escolher e levar para casa, tipo bolos e biscoitos, queijos, vinhos, azeites, frios, em embalagens para uma pessoa, duas ou três, o que facilita a vida do cliente. Na madrugada tem um bufê de sopa para os notívagos, quebra-galho para quem está sem comida em casa, e, quando o dia começa a raiar, esse bufê se transforma em mesa de café da manhã, com sucos, ovos mexidos, bolos, cereais, doces, tudo o que você conseguir comer antes de ir dormir.

O Pandoro também oferece um ótimo brunch; por volta do meio-dia, uma hora, está lotado, e quem se atrasar vai ter que esperar por uma mesa. E ainda tem o Pasta & Vino, que não fecha nunca, como o Paris 6. Nesses lugares que funcionam full time, não é raro encontrar bêbados recém-saídos da balada comendo um filé e bebendo uma cerveja ao lado de pessoas que tomam seu café da manhã.

A Bella Paulista, uma excelente padaria que fica aberta dia e noite e está sempre cheia, serve sete tipos de café. E alguns points têm até menus só de cafés, alguns com grife, aliás, a grande moda da cidade, quase tão em alta quanto os vinhos.

E tem a turma dos charuteiros, que vivem trocando informações sobre novas marcas de charuto. As charutarias mais famosas e consideradas pelos conhecedores são a Ranieri, a Lenat e o Esch Café.

Mas São Paulo tem muitas outras coisas que também funcionam em tempo integral. O pronto-socorro dos hospitais Albert Einstein e Sírio-Libanês são um conforto para quem sente uma dor de madrugada ou leva um tombo. Em ambos se fazem todos os exames de laboratório — com resultados na hora —, até tomografias, e a filosofia é não deixar o paciente sair com dor. Neles você encontra banco 24 horas, floricultura, lanchonete (boa) e farmácia.

Abertos full time existem ainda pet shops, e nada mais útil: e se você tiver vontade de comprar um gato às três horas da manhã? Academias de ginástica, claro, supermercados, floriculturas, tatuadores, e, para as moças que trabalham à noite e dormem de dia, cabeleireiros e manicures. E tem até uma loja de material de construção que funciona 24 horas, a Telhanorte.

E São Paulo é a cidade dos grafites, que são feitos quando ninguém vê — quando a cidade dorme. Há um beco, na Vila Madalena, que se chama Beco do Batman, que é inteiramente coberto por grafites, e a Fundação Cartier, em Paris, inaugurou uma exposição em julho de 2009 só sobre grafites, com grande destaque para São Paulo.

UM GIRO PELA ARTE

O paulistano é ávido por fazer e ver coisas, e está sempre cheio de ideias e projetos para espetáculos, exposições etc.; afinal, São Paulo não tem praia. Assim, a cultura na cidade vai bem.

A Sala São Paulo, situada onde antes havia uma estação de trens, além de ser a maior e mais moderna sala de concertos da América Latina, tem uma das acústicas mais perfeitas do mundo. Seu teto se move de acordo com o tamanho do espetáculo a que se vai assistir. Os espetáculos, variados, acontecem sempre às quintas e sextas-feiras; nas tardes de sábado, idosos e estudantes pagam a metade do preço, e domingo de manhã o ingresso custa dois reais.

No quesito arte, é fundamental conhecer a extremamente charmosa Galeria Vermelho, que transformou três casas de vila num espaço como um cubo. E impressionante é o poderoso galpão de 2 mil metros quadrados que abriga o acervo da Fortes Vilaça, galeria que representa no exterior artistas como Adriana Varejão, Beatriz Milhazes e Ernesto Neto.

E tem o belíssimo MASP, na Avenida Paulista, que recebe em média 2 mil pessoas por dia.

Aliás, pertinho do MASP, há um grande estacionamento onde antes era a casa do conde Matarazzo. Para quem não sabe, quando Luiza Erundina foi prefeita de São Paulo, ela desapropriou a mansão para construir ali o Museu do Trabalhador. Conta a lenda que os herdeiros mandaram pôr fogo na casa, onde brevemente será erguido um shopping. Soube que um jornalista pegou alguns tijolos da demolição, mandou envernizar, colocou em cada um deles uma plaquinha dizendo "Este tijolo pertenceu à mansão Matarazzo", distribuiu a alguns amigos e botou um em sua estante. Simpático, não?

Depois de ter ido ao MASP, vale atravessar a avenida e dar uma volta no Parque Trianon, 40 mil metros quadrados da Mata Atlântica que sobrou, milagrosamente, no meio dos arranha-céus; depois atravesse a avenida de novo e entre no Banco Safra para ver o piso de mármore feito por Burle Marx, no térreo e no subsolo, uma beleza. E depois atravesse de novo a avenida para visitar a Livraria Cultura, uma das mais importantes do país e que ferve, cheia de gente, já de manhã.

O Museu do Futebol é dividido em salas; os nomes de algumas: Exaltação, Origens, Heróis e Rito de Passagem. Quatro mil pessoas visitam esse museu maravilhoso, em dias normais. Aliás, a paixão do paulistano pelo futebol supera, e muito, a dos cariocas. Conheço um rapaz de quase trinta anos que é fanático pelo Santos, time cujo apelido, para quem não sabe, é Peixe. Pois até o dia de hoje ele jamais comeu qualquer coisa do mar, isso é que é.

Voltando aos museus, o da Língua Portuguesa recebe 2 mil pessoas por dia, a Pinacoteca — linda, ao lado do Parque da Luz —, 3 mil, e ainda fica uma fila de gente esperando que os outros saiam para poder entrar.

E uma coisa muito, mas muito simpática: na Estação da Luz vi, debaixo de uma marquise, um piano aberto, com um cartaz em que está escrito "Toque-me, sou teu". E notei com que curiosidade pessoas que talvez nunca tenham visto um piano de perto tocavam uma tecla ou outra, e às vezes alguém que sabia tocava uma música inteira — e juntava gente em volta para assistir. Isso cria uma grande relação entre a cidade e a população, e soube que existem vários outros, espalhados por São Paulo. O máximo, essa ideia.

No Parque da Luz, cheio de estátuas e coretos como os das praças do interior, moram confortavelmente três preguiças. Esse parque de 80 mil metros quadrados é frequentado por casais de velhinhos, domésticas com ou sem namorado, e pessoas sós. Dizem que presidiários sem rumo, quando são libertados, vão passear no Jardim da Luz. E é impossível olhar para esse lindíssimo jardim sem pensar no filme de Suzana Amaral baseado no romance de Clarice Lispector, *A hora da estrela*, que conta a pungente história de Macabéa.

Na última Virada Cultural, em que houve mais de oitocentas apresentações entre as seis da tarde de um sábado e as seis da tarde do domingo, o Parque da Luz foi todo iluminado com tochas, trabalho de um grupo de artistas franceses que trouxeram até o combustível da França. Nessa Virada, que acontece uma vez por ano, 4 milhões de pessoas vão para a rua para ver as atrações, que tal? É preciso ter saúde para acompanhar a Virada, mas, quando bate o cansaço, é fundamental ir tomar uma caipirinha no Bar Brahma, aquele que fica na célebre esquina da Ipiranga com Avenida São João; o Brahma não fecha nunca, e lá costumam cantar Cauby Peixoto, Angela Maria e os Demônios da Garoa. Programa mais paulistano, impossível.

AS LICHIAS DA MALÁSIA

A vida para alguns vai bem; a diarista de uma amiga tem tantos clientes que contratou uma empregada, e outra comprou o carro da patroa, que estava dura. Legal, não?

Os salões de cabeleireiro são um luxo e parecem boates, ou são as boates que parecem salões de cabeleireiro: geralmente pretos, com muito mármore, espelho d'água e orquídeas brancas. O champanhe rola, e a conta nunca é menos do que quinhentos reais. Supla frequenta o salão C. Kamura, onde se lava a cabeça deitado e tem uma sala para as noivas, e é ao MG Hair que vão as peruas e celebridades. Um colorista finlandês foi importado para cuidar da cor dos cabelos das madames, e na Vila Madalena existe um cabeleireiro que só corta num determinado dia do mês, dependendo da lua. Preço do corte: oitocentos reais.

Na Rua Santa Efigênia, as lojas, todas elas, só vendem aparelhos eletrônicos. Já na Avenida Europa, dos dois lados da rua, só carros importados, tipo Ferrari, Porsche, Maserati, Jaguar, BMW, Audi, Mini Cooper, e as mais fantásticas motos. São umas cinquenta lojas, e, segundo me contaram, os donos dessas possantes e caríssimas máquinas passam o sábado e o domingo rodando pelas ruas dos Jardins para se exibir; não há nada neste mundo que se compare a um playboy rico e paulistano.

E no Jardim Paulistano há um colégio inglês chamado St. Paul onde os meninos estudam de gravata. Dizem que é um programão sentar na loja em frente para comer pão de queijo e ver a saída da garotada. Só tem seguranças, os da escola e os dos alunos, e carrões. Num carro vai a criança com a babá, e atrás outro carro, com quatro seguranças. Mick Jagger já foi fotografado na porta do St. Paul, esperando o filho, e ali pertinho fica a igreja São José, onde se encontram na missa de domingo os muito, muito ricos. Isso também é São Paulo.

E tem as feirinhas, a do MASP, a da Benedito Calixto, a do Bixiga e a da Liberdade, bairro japonês. Nelas você encontra de tudo — de copos de cristal a roupa de cama bordada, de candelabros de prata a liquidificador quebrado —, mas o que mais gostei foi de um limpador de língua, de madeira, na Liberdade. Limpador de língua; nisso eu nunca tinha pensado. Nessa feira comi espetinhos de camarão a 1,50 real, um pratinho de sushi a cinco reais, e me senti no coração de Tóquio, pois os velhos japoneses só se comunicam entre si na sua língua natal.

Eu andei tanto em São Paulo, mas tanto, que nem o metrô, que transporta 3,5 milhões de pessoas por dia, me escapou; um luxo, aliás, esse metrô. As estações parecem um free shop, e têm até bibliotecas, de onde você pode levar um livro para ler em casa e depois devolver — e de graça.

E tem um ótimo programa: ir ao Mercado Municipal, o Mercadão, que é lindo. As barracas são tão bem-arrumadas que parecem feitas por um artista — e artistas eles são. Existem barracas especializadas em tudo o que pode entrar numa feijoada, as só de bacalhau, as só de azeitonas (quinze qualidades), as de queijos, as de legumes (e tudo se belisca), aquela onde você pode comer o melhor sanduíche de mortadela, a do melhor pastel de bacalhau, e as mais belas de todas: as barracas das frutas.

Nossas frutas já são o máximo, agora imagine-as misturadas a outras desconhecidas, estranhas e lindas, vindas, a maioria, da Colômbia. Além de miniabacates e miniabacaxis, que são nossos mas eu nunca tinha visto, descobri as pitorescas pitaya, granadilla, a lichia da Malásia (toda cabeluda), a pera crocante, que parece coco, e muitas outras. Por cinco reais você faz uma degustação e come um pedacinho de cada. Não é maravilhoso?

E, no bairro do Brás, quem tiver um bom olho — e saúde e disposição — pode fazer seu guarda-roupa completo por dez, quinze, vinte vezes menos do que gastaria nos Jardins.

Tem também a famosa Rua 25 de Março, que recebe aos sábados cerca de 1 milhão de pessoas — e não estou falando de véspera de Natal nem de Dia das Mães. São edifícios inteiros com lojas em todos os andares, e, na rua, um formigueiro. Lá tudo é mais barato, e os ônibus chegam do interior lotados de donos de lojas que vêm só para comprar; cada pessoa gasta em torno de 2 mil reais. E me garantiram que um ponto na Vinte e Cinco custa mais caro do que nos Jardins, e sabe por quê? Porque na Vinte e Cinco as pessoas compram, e nos Jardins, não.

E quem está a fim de bijuteria vai encontrar seu paraíso na Ladeira Porto Geral, travessa da Vinte e Cinco, onde se vende todo tipo de contas, pedras, pérolas, tudo já pronto; ou avulso, para que você exerça sua criatividade em casa. A Vinte e Cinco agora tem concorrência: é o Bom Retiro, antigo bairro judeu, que está sendo ocupado pelos coreanos.

SÃO PAULO BY NIGHT

Em São Paulo, os alternativos não têm de que se queixar. Na Vinte e Quatro de Maio, bem no centro, fica a Galeria do Rock, imperdível se você tem uma gota de sangue nas veias que ainda vibra quando você ouve Rolling Stones. Os alternativos transitam com cabelo roxo, verde, vermelho, vestidos da maneira mais — como dizer? — alternativa possível. Na galeria você encontra de tudo para se transformar numa punk de verdade. Além de fazer suas tatuagens e colocar seus piercings, vai enlouquecer com o que pode comprar. As lojas de tênis são fascinantes; já pensou um All Star de salto alto bem fino? Houve um momento em que balancei com um brinco de acrílico que acendia e apagava, mas tive juízo. Meus filhos agradeceram.

Mas aonde vai essa turma à noite? Pois procurei e descobri: à baixa Rua Augusta, que era um centro de prostituição e se transformou num point para jovens que não querem ser playboys nem modelos. Dezenas de barezinhos foram abertos, e também clubes totalmente trash, que fazem a delícia da garotada. Ali, até tarde, funciona um salão de cabeleireiro só para meninas do bairro, e existe uma butique que poderia ser confundida com uma de Versace, com seus vestidos de onça, de cobra, de zebra, seus manequins de peruca loura longa, igual aos cabelos de Donatella, botas altíssimas, sandálias de salto e plataforma, enfim, roupa de trabalho.

Lá, os clubes são assim: uma portinha estreita e mal pintada, geralmente preta, onde nada está escrito. A decoração é péssima, a bebida é péssima, a comida é péssima, mas a música é ótima, e é isso que eles querem. E a noite rende; nada mais parecido com Berlim do que a noite de São Paulo. Existem lugares pré-baladas (o esquenta), que é para se ficar até duas da manhã, e só então ir para a festa; e tem festa de domingo a domingo.

No meio dessa fauna, há os emos, uma dissidência do movimento punk; têm esse nome porque são muito, muito emotivos. Eles usam uma franja de lado, longa e lisa, caída no olho, não se drogam e, apesar do que dizem, são chegados num banho. Só vestem, basicamente, preto, só ouvem rock que fala de amor, e choram por qualquer coisa. São vegetarianos; suas festas, onde não entra bebida, se chamam verduradas, e viva São Paulo.

A noite na cidade começa tarde, mas tomei coragem e resolvi encarar. Fui primeiro ao Blue Space, clube gay na Barra Funda, que abre mais cedo e às dez horas já estava fervendo. São três andares e duas pistas de dança, o preço para gays é dezessete reais e para mulheres — que eram poucas — 25 reais, e héteros são raros. A casa existe há treze anos e recebe uma média de 1500 pessoas por noite; na porta ficam mais mil, esperando a chance de poder entrar.

Depois de atravessar corredores, subir três degraus e descer cinco — todos de altura diferente —, cheguei ao escritório da direção, igual ao dos filmes americanos, de onde nunca sabemos se vamos sair vivos ou mortos. Sobrevivi, voltei por outro caminho, e o que aconteceu? De repente me vi numa salinha de 2 m × 2 m, com cinco go-go boys de sunga vermelha e mais nada, se preparando para o show. Que susto, ver cinco go-go boys de perto, e como eu gostaria de saber que cara eu fiz, mas como. Fui para o camarote real, e lá embaixo, na pista, não cabia mais ninguém. Todos dançavam freneticamente, muitos sem camisa, muitos de boné, alguns beijos na boca, e dança, dança, dança. No fim do ano há um campeonato de futebol na rua, bem em frente ao clube, que dizem ser im-per-dí-vel.

Como já estava embalada, fui em frente, ao D-Edge, que só abre à meia-noite. Lá o ingresso é quarenta reais, sexta-feira é a noite GLS (era sexta), e de sábado para domingo o fechamento é ao meio-dia. As pessoas são cuidadosamente revistadas na entrada, e o clube se dedica a "novos estilos", seja lá isso o que for. Tudo preto, é claro, mas ali o público estava mais a fim de se exibir do que de namorar; faziam grandes coreografias, com direito a muitas caras e bocas, e ninguém ficava parado, era uma animação só. Aí já era madrugada alta, e no dia seguinte estava combinado irmos à Hell's, do clube Vegas, que de sábado para domingo abre às cinco da manhã, e à The Week, que só abre aos sábados a partir das quatro horas, também da manhã.

A The Week é um fenômeno da noite gay paulistana. A boate — ou clube — é gigantesca e recebe milhares de gays de todo o Brasil. Eles vêm de cidades do interior para conhecer a maior referência entre clubes gays do país. Ela mudou o conceito da noite gay de massa: não há shows, a música é house/eletrônico, sem nada a ver com as disco/pop/oldies de antigamente.

A casa importou um modelo americano como o das fervidas noites gays de Miami e Los Angeles, que é mais frenético mas também mais frio. Os frequentadores são, em sua maioria, Barbies, gíria muito comum entre os gays moldados em academias e loucos por sexo. Eles se vestem como garotos, e na pista ficam sem camisa, se esfregando loucamente. O clube tem vários ambientes, uma pista de dança gigantesca e uma piscina na área externa, onde acontecem as *pool parties*, festas diurnas. E há um enorme *dark room*, que não consigo imaginar para que serve.

Ah, fechando o capítulo gay, tem também o restaurante Spot, que depois da uma hora da manhã é o ideal para os mais tranquilos, que procuram um maridão.

Voltando: já que estávamos na rua, era melhor aproveitar. Será que não dava para ir a outro lugar? Dava, e fomos. Ao Love Story, famoso clube entre a Praça da República e a Avenida Ipiranga, que começa a animar mesmo depois das quatro horas, pois "A casa de todas as casas", como é conhecida, é para onde vão as prostitutas de São Paulo depois do trabalho, só para namorar. Na fachada, três enormes corações vermelhos dão o clima; afinal, a casa se chama Love Story.

A Love Story é o maior barato; abre à meia-noite, vai até nove, dez da manhã, e mulher não paga. Já na entrada um porteiro me perguntou: "Quer guardar sua bolsa? É mais seguro e não paga nada". Tremi, agradeci, mas segurei a bolsa com mais força. Lá as profissionais podem estar vestidas convencionalmente, isto é, saia com fenda, meia preta, maquiagem carregada, ou como uma mocinha que trabalha num escritório, de calça comprida e blazer. Mas têm em comum o fato de serem todas alegres, comunicativas; conversam com todo mundo, e estão ali só para dançar e namorar: o expediente já terminou, e que ninguém venha falar de trabalho. É nessa casa que se veem mais pessoas se divertindo de verdade em São Paulo. De manhã, quando o clube fecha, os garçons saem juntos e ainda encaram uma pelada.

Já era bem tarde quando entrou um homem muito bem-vestido no Love Story — terno, gravata, foulard; careta porém elegante. Logo se aproximou uma moça que estava sem dúvida esperando por ele, e lá ficaram, sozinhos a uma mesa, namorando. Isso me lembrou uma história que eu presenciei desde o início e que foi muito divertida. Eu tinha uma amiga que era superboêmia; saía todas as noites, ia a todas as boates, e terminava sempre no Zum-Zum, em Copacabana. Estou falando do tempo em que se ia a boates, claro. Numa dessas noites ela conheceu um homem charmoso, começaram um namoro, se apaixonaram, mas havia um pequeno problema: ele era casado. Casado e coronel do exército, entrava no quartel às seis da manhã. O que eles inventaram? Ah, nada como a imaginação dos corações apaixonados.

O coronel, que costumava acordar às cinco horas — a mulher ficava dormindo, bem entendido —, passou a acordar às duas. Tomava banho, botava a farda, chegava ao Zum-Zum antes das três horas, tirava a farda, botava uma camisa esporte que já estava à sua espera, sentava-se e pedia o primeiro uísque. E lá ficava até as cinco e meia, quando se vestia de novo e ia para o quartel. O romance durou um tempão, os dois acabaram se casando; e o coronel, que chegava ao quartel cheirando a uísque, teve que mudar de profissão.

De volta à noite de São Paulo: agora tem a novidade dos lugares secretos, que não têm placa, porteiro, nada que indique que ali está acontecendo alguma coisa. Tem restaurante japonês secreto, maquiador secreto, cabeleireiro secreto, bar secreto. E tem também os restaurantes secretos, que, na data que escolherem, preparam um jantar maravilhoso e passam e-mails para sua clientela dizendo que dia tal vai ter jantar e contando o que vão servir. Quem quer responde e reserva, e, quando o restaurante já está lotado, está lotado e pronto. Esses se chamam "de portas fechadas".

São Paulo é uma cidade tão rica, tem tantas coisas a serem exploradas, que há gente que diz que o melhor é não sair de casa, pois, se você pedir por telefone, tudo chegará às suas mãos, pontualmente, na hora marcada.

Como vocês perceberam, não deu para ir no sábado às duas boates gays, mas fica para a próxima, quando vou tomar um remédio para dormir às seis da tarde e acordar às três da manhã pronta para o que der e vier.

Porque, se São Paulo não pode parar, também ninguém pode parar em São Paulo.

BUENOS AIRES

LENDID
eneo
eneo

MARADONA É DEUS

A primeira vez que saí do Brasil foi para conhecer Buenos Aires. Eu tinha uma grande amiga, Elvirita Amaral, cuja mãe era uma argentina muito rica, *lo mejor de lo mejor*, o que significa: de uma família da alta aristocracia. Imagine eu, com quinze anos, já fazendo uma viagem internacional; fiquei louca pela cidade, e com razão. Buenos Aires é lindíssima, e nessa época a Argentina era um país extremamente rico. Conforme diz a história, o segundo mais rico do mundo.

Alguns anos depois, quando fui a Paris, achei que a cidade se parecia com Buenos Aires — e meus companheiros de viagem riram, me considerando ingênua e, talvez, ignorante. Hoje vejo que estava certa. As mansões de Buenos Aires foram projetadas por arquitetos franceses, os jardins e o parque de Palermo — os Bosques de Palermo —, desenhados pelo mesmo paisagista que fez o Bois de Boulogne, Carlos Thais.

Naquele tempo os argentinos ricos eram tão ricos que, quando se queria falar de riqueza em Paris, se dizia "*riche comme un argentin*". E o país era tão próspero que o parque de Palermo — equivalente ao Parque do Flamengo, no Rio, ou ao Ibirapuera, em São Paulo — já tinha vários campos de polo e golfe, esportes na época tão populares na Argentina quanto o futebol no Brasil; e na Calle Florida havia a única filial da loja londrina Harrods, que só vendia artigos ingleses mas não suportou as crises e fechou. A Harrods de Londres hoje pertence ao milionário Al Fayed, que a comprou em 1985 por 615 milhões de libras. Muitas vezes pensei em voltar a Buenos Aires, mas a troco?

Um dia, o destino veio em meu socorro. Ia eu muito distraída pela rua quando alguém me abraça pelas costas e diz: "*Chérie*, quanta saudade; vamos imediatamente tomar alguma coisa e falar da vida". Era minha amiga Linda Imaculada, que encontrei em Sevilha há dois ou três anos e queria porque queria namorar um toureiro. Escrevi a história no volume anterior desta série, mas não citei seu nome, e a primeira coisa que ela fez foi reclamar; Linda adora ver seu nome impresso.

Nós nos conhecemos há séculos, mas eu não a via fazia anos; uns trinta, talvez. Ela continua muito bonita, e se comporta como se o tempo não tivesse passado. Acho que é porque não há nada que esquente a cabeça de Linda e tire dela a esperança de encontrar o amor de sua vida e ser feliz para sempre. Impossível saber sua idade, pois esse assunto está mais bem guardado que a caixa-preta do Senado. De cirurgia plástica ela não fala, é como se não existisse, mas no seu banheiro vi vários potes com unguentos estranhos de odores estranhos, em grandes vidros sem rótulo, que ela deve ter trazido de algum país estranho. Esse é apenas um dos mistérios da vida de Linda.

Outro mistério é: de que ela vive? Linda nunca foi rica; o pai, quando morreu, lhe deixou um dinheirinho (pouco), mas ela sempre se virou para poder fazer o que mais gosta: viajar. Trabalhou esporadicamente em moda, jornalismo, turismo, e sempre trazia coisas belíssimas de países aonde ninguém costumava ir; quando precisava de dinheiro, vendia. Como tem muitos amigos, às vezes descolava uma passagem de graça, e, mesmo que fosse para o Zimbábue, ela ia. Outras vezes conseguia um *upgrade* e entrava na classe executiva com ares de princesa árabe.

De tanto correr o mundo, se casou algumas vezes e, a cada vez, de forma definitiva. Para Linda, o amor é sempre eterno. Com o grego viveu um verão em que foi feliz com dois biquínis e duas camisetas, numa ilha; com o francês morou num vinhedo até que o vinho se transformou em vinagre; com o professor de esqui, o tempo de um inverno em Megève; com um marroquino modificou o jeito de se vestir e aceitou que ele tivesse mais duas esposas. Ainda houve outros casamentos, mas me esqueci (e ela também).

Linda Imaculada é livre, independente, ética e moralista à sua maneira, muda de casa, de cidade, de país e de marido como quem muda de camisa; é pura, ingênua, romântica, incapaz de namorar um homem casado ou um político, acredita em tudo o que ouve, e tem sempre 3 mil euros na gaveta para uma eventualidade. Uma viagem, por exemplo. Mas é um peixe ensaboado, e não consigo ter com ela uma relação estável, já que nunca sei onde está vivendo.

Depois de dez minutos de conversa ela contou que iria a Buenos Aires na semana seguinte. Fazer o quê?

Nada, mas soube que a Argentina está baratíssima, os homens são os mais lindos do mundo, e já está na hora de arranjar um marido e sossegar. E emendou com um "por que não vem comigo?". Eu não podia; tinha compromissos, seria impossível sumir por tanto tempo, só que os convites de Linda são em geral irresistíveis, e respondi, sem pensar muito: "Fechado". Ia ser uma semana maravilhosa, eu tinha certeza. Linda foi logo dizendo que ficaríamos em quartos separados, pois nunca se sabe. Sempre sábia, essa minha amiga.

A chegada a Buenos Aires prometia. A tentação começou no free shop, em frente ao banco onde se compram pesos (sempre com a pior cotação), com todos os cremes, todas as marcas de óculos escuros e todas as inutilidades que são oferecidas com preços ótimos. Depois de contratar um *remise* (que é o que se deve fazer em Buenos Aires, onde os táxis comuns não são de confiança; também se pode chamar um radiotáxi), tomamos o caminho da cidade. O céu estava azul, o sol, frio, e tínhamos a chance de usar nossas roupas de inverno, felicidade total. Mal largamos as malas no hotel, Linda disse: "Vamos ao La Biela, é o Café de Flore de Buenos Aires". É mesmo, e logo em frente fica outro café simpático, um pouco mais moderno, o Café de La Paix. Igualzinho a Paris, com o Flore e o Deux Magots.

O La Biela é o café mais charmoso de Buenos Aires, em plena Recoleta, com um pequeno reservado para os fumantes, e cheio o dia inteiro: de manhã, na hora do almoço, depois do almoço, na hora do chá, do drinque, do jantar. Aberto das sete às três da madrugada, lá se lê jornal, se come, se bebe, se toma café, chá; é frequentado por velhos, moços, muito moços, muito velhos, isso num bairro chique e badalado. Fica a duas quadras da Avenida Alvear, onde estão todas as lojas, aquelas: Cartier, Vuitton, Hermès, Ralph Lauren, e do hotel Alvear, um dos mais lindos que já vi, o melhor da América do Sul, e que guardou todo o estilo dos tempos em que a Argentina era riquíssima: seus porteiros usam cartola, e os garçons, fraque; um luxo.

Mas a cidade não precisa das lojas internacionais para ser muito chique: as nativas, digamos assim, sobretudo as que vendem artigos masculinos, podem competir com as melhores do mundo, e os preços são uma brincadeira. Eu, se fosse homem, iria todos os anos a Buenos Aires refazer meu guarda-roupa, e seria elegantíssimo. E, antes que me esqueça, figurinha fácil no La Biela é o ator Robert Duvall, que se casou com uma argentina, comprou um apartamento em Buenos Aires e uma estância, e é fascinado por tango. Outro ator apaixonado pelos bons ares da cidade é Tommy Lee Jones, que também tem casa lá.

Um pequeno parágrafo para falar dos argentinos em geral; os homens são de uma elegância de cair o queixo, e mesmo os mais modestos se vestem de maneira correta, sempre de gravata, blazer, cachecol e até sobretudo, conforme a temperatura. E vamos confessar: eles costumam ser bonitos, e ainda tem os lindos. Estes nos fazem parar na rua e ficar olhando, sem acreditar no que estamos vendo. São de tirar uma pessoa do sério, ai, ai. As mulheres têm todas um quê de Cristina Kirchner: longos cabelos muito bem cuidados — devem fazer escova dia sim e o outro também; a única diferença é que a maioria usa mechas, muitas mechas. E, por falar em La Kirchner, consta que, desde que foi eleita, a presidenta nunca repetiu uma só roupa, isso é que é.

Chegamos ao La Biela e, para festejar, pedimos um copo de *champã*, como dizem os portenhos. O La Biela é um café bem grande, com um ar meio antigo, e do qual você gosta imediatamente. Os argentinos adoram *champã* — vinte pesos o copo: tomam antes do almoço e do jantar, e também durante e depois (quando não estão bebendo vinho), e nos intervalos, quando não sabem o que pedir.

E nesse café tem uma coisa inusitada: engraxates que entram com um banquinho e uma caixa com seus instrumentos de trabalho, mas atenção: tanto o banquinho como a caixa são revestidos de um couro belíssimo, preso na madeira por tachas que brilham feito ouro. Eles dão uma volta no salão, e, se alguém chama, se acomodam e engraxam — muito bem — seus sapatos ou botas por cinco pesos, ou dez, dependendo da cara do freguês.

Aproveitamos a ida ao La Biela e estipulamos algumas regras para a viagem. Como nossos interesses não seriam sempre os mesmos, combinamos assim: cada uma faria o que quisesse, e só sairíamos juntas se o programa interessasse às duas; mas, mesmo indo cada uma para um lado (que foi o que fizemos a maior parte do tempo), de qualquer maneira nos encontraríamos para jantar — a não ser que surgisse numa esquina o grande amor da vida de Linda, claro.

Depois do segundo copo nos despedimos, desejando um feliz dia uma para a outra, e saí pela Recoleta à procura de uma coisa que adoro: *empanadas* (Linda não ia comer para não engordar). *Empanadas* são um tipo de pastel de forno, recheado de frango ou carne e ovos cozidos, temperado com curry, que se encontra em qualquer ponto da cidade. É um petisco típico, como o acarajé na Bahia, e não custa praticamente nada: de quatro a dez pesos, conforme o lugar, e com duas se está almoçada.

Fui andando sem rumo e sem pressa, lembrando que a Argentina é o país dos mitos; e os três maiores são — não pela ordem, porque cada um tem a sua — Gardel, Evita e Maradona. Parei numa livraria e vi uma infinidade de livros sobre os três, todos repletos de fotos. Indiquei ao livreiro um dos livros e perguntei se tinha a foto de Maradona fazendo o célebre gol com a mão, gol que o jogador declarou, com a maior audácia, ter sido feito com a mão de Deus, e o livreiro me disse: "Não; e quem fez o gol foi Maradona mesmo, pois ele é Deus". Diante disso, só me restou concordar e comprar o livro.

Aliás, a grande conversa com os motoristas de táxi é sobre quem é o melhor, Maradona ou Pelé. Não houve um, mas nem unzinho, que tivesse dito Pelé. Eles são alucinados por Maradona, e há uma geração na Argentina que se chama "geração dos Diegos", pois toda criança que nascia era registrada com o nome do craque. Por mais loucuras que tenha feito, Maradona é considerado, no seu país, um deus.

CARNE E CHAMPÃ

Bem, ao almoço; descobri um restaurante supersimpático, na esquina de Vicente López com Ayacucho, chamado Rodi. Gostei e entrei. Adoro descobrir restaurantezinhos assim na aventura, sem nenhuma recomendação, e a primeira coisa que faço é ver se está cheio ou vazio. Se está cheio, é porque vale a pena, e era o caso. Já era tarde, por isso encontrei mesa; pedi minhas *empanadas* (duas) e me regalei. Acompanhando, uma jarrinha de Malbec. Como não sou expert em vinhos, vou falar do assunto só uma vez, e pronto. O garçom (no Rodi não tinha *sommelier*, é claro) me disse que o Malbec é um ótimo vinho; naturalmente, existem vários tipos de Malbec, de diferentes anos, mas, para facilitar minha vida, ficou sendo o único vinho da viagem. Paguei por esse delicioso e simplíssimo almoço quarenta pesos e saí de lá mais leve que uma borboleta, olhando as portarias dos edifícios, de um luxo e bom gosto fora do comum.

Que bom seria se os nossos incorporadores dessem um pulinho a Buenos Aires para ver o que é um prédio com estilo, e nunca mais botassem espelho azul nas fachadas. Lá, muitos edifícios têm as portas enormes, douradas, e acho que todos os dias elas são limpas com Kaol, de tanto que brilham.

Continuei andando e passei por vários restaurantes que são chamados de *asador criollo*; logo na entrada, há um fogo de chão, feito com carvão e com fogo, claro, onde se colocam os espetos com todos os tipos de carne. Como nesses lugares os pratos são imensos, basta pedir um para duas pessoas. A carne é sempre boa, e os preços variam, mais pelo *décor* do que pela gastronomia. Nos mais caros, entrada, prato principal e sobremesa custam em torno de sessenta pesos. Já nos mais baratos, o mesmo pedido sai por dez pesos, dá para acreditar? Ah, o vinho é à parte.

Depois de muito passear e ver vitrines, me dei conta de que já eram cinco horas e resolvi ir descansar, pois, apesar de a viagem ter sido curta — três horas e meia, Rio-Buenos Aires, sem escala —, eu não tinha parado ainda, e precisava pelo menos desfazer a mala. Quando cheguei ao quarto do hotel, encontrei um bilhete de Linda debaixo da porta, dizendo que ela havia dado vários telefonemas, que íamos jantar no Mirasol, a convite de sua amiga Márcia Carmo, jornalista brasileira que se mudou para Buenos Aires há onze anos, desde que se apaixonou por Jorge, jornalista argentino, e que eu estivesse pronta às nove em ponto (Linda é muito pontual). Ah, me esqueci de falar do nosso hotel, o Ulises. Não é o luxo dos luxos, mas custa apenas 165 dólares por dia. Simpático, nada de mais nem de menos, mas num ponto ótimo.

Uma das boas coisas de viajar com Linda é que ela tem amigos no mundo inteiro, e todos a adoram. E, no fundo do seu coração, ela viajou, claro, pensando: "Se Márcia se casou com um argentino bonitão, por que não pode acontecer a mesma coisa comigo?". Ah, Linda. Às nove horas estávamos na portaria e, como o encontro era às nove e meia já no restaurante, fomos tomar um drinque no bar do hotel Alvear, a vinte metros do nosso. Ah, que bar lindo! Que clima! Que bom gosto! Um dos melhores bares do planeta, eu diria. Decidimos que todas as noites tomaríamos um drinque lá, antes do jantar, e no hotel Alvear teríamos ficado se a diária não fosse 440 dólares.

O Mirasol é especializado em carnes, o que para um primeiro dia em Buenos Aires é a perfeição. Esperamos no bar por uma mesa, e logo nos ofereceram *una copa de champã*. O restaurante cheio de gente elegante, as mulheres como sempre muito bem penteadas, e os homens como sempre lindos. Muito lindos mesmo.

Na hora de escolher foi aquele problema, tal a variedade de carnes. Tinha até uma que se chamava *ojo de bife*, e cheguei a pensar que era o próprio olho do boi — e por que não? —, mas não passava de uma simples *entrecôte*. Do famoso *bife de chorizo*, o mais popular, não gostei, achei a carne dura; em compensação, a *morcilla* (linguiça de sangue, equivalente ao *boudin* francês) era uma maravilha, as *papas fritas*, de primeiríssima, tudo acompanhado por um Malbec — só não me pergunte de que ano nem de que vinícola.

E chegamos ao capítulo sobremesa. É claro que fazemos parte da confraria que não quer engordar um grama, mas como resistir às panquecas recheadas de *dulce de leche*, uma instituição do país da qual não se pode abrir mão? Caímos de boca, três panquecas para cada, e, depois, mais *una copita de champã*, oferta da casa. O jantar foi convite do casal, mas botei um olho para saber dos preços, e fiquei espantada. A conta de toda aquela comilança para quatro pessoas foi 210 pesos, com bebida e sobremesa. Pelo câmbio do dia, 130 reais: uma brincadeira, se compararmos esse valor aos preços do Brasil.

Depois de ter pedido a Márcia várias dicas sobre aonde ir, o que ver, o que e onde comprar, fomos dormir animadíssimas, fazendo planos para o dia seguinte. Como sempre, cada uma para um lado, e jantar juntas, a não ser que...

EVITA

Vou logo confessar minha fascinação por Evita Perón, e resolvi dedicar a essa mulher tão forte e de tanta personalidade meu primeiro dia em Buenos Aires. E comecei indo ao cemitério da Recoleta, em que — presume-se — está o corpo de Evita. Antes, quero dizer que na cidade os cemitérios são pontos turísticos, onde as pessoas passeiam e até visitas guiadas acontecem, duas vezes por dia. Os grupos são grandes, e a maior parte deles é composta de turistas.

O cemitério é todo cruzado por ruas, de tempos em tempos há um banco para descansar, e lá não existem sepulturas, só mausoléus — e cada um mais suntuoso e importante que o outro. Uns em estilo *art déco*, outros, em *art nouveau*, e muitos em estilo livre; mas todos grandes, feitos de diferentes tipos de mármore, com estátuas e adornos. Os mausoléus são tão ricos, que alguns chegam a custar 1 milhão de dólares, e dizem que, na Recoleta, é mais barato viver do que morrer. O de Evita é o mais procurado, e diante dele sempre há uma pequena multidão olhando e fotografando. É o único cheio de flores, e em cima, em letras douradas, se lê FAMILIA DUARTE. Nas laterais estão as placas de metal oferecidas à Mãe dos

Descamisados pela Confederação Geral dos Trabalhadores da Argentina, pela associação das mães da Plaza de Mayo, e pelos muitos que Evita ajudou. Mas ninguém tem realmente certeza de que seu corpo esteja ali, já que durante catorze anos ele perambulou pelo mundo; os não peronistas sabiam que, se ele fosse trazido de volta, multidões se formariam para visitar o local onde o abrigassem. Quando Evita morreu, aos 33 anos, o país parou, e o velório durou catorze dias.

Já o corpo de Perón — sem as mãos, que foram cortadas — está no La Chacarita, repleto de árvores e também ponto turístico da cidade. As pessoas vão visitar esse cemitério menos por Perón e mais por Carlos Gardel, em cujo túmulo há uma estátua em tamanho natural, com o tradicional chapéu e segurando um cigarro (de verdade). Quando o cigarro desaparece, sempre vem alguém e coloca um novo entre os dedos do artista. Numa das placas, os dizeres: *"El mundo entero te quiere y nunca te olvidará"*.

O mundo inteiro, não sei, mas a Argentina nunca o esqueceu, e há quem diga que Gardel está cantando melhor que nunca; ele é um fenômeno como talvez não exista outro igual. Alguns dizem que ele nasceu na França, outros, que nasceu no Uruguai; o próprio cantor afirmava: "Nasci na Argentina com dois anos e meio". Não se casou, e morou com sua *mamã*, a francesa Berthe Gardés, até morrer num desastre de avião, em 1935, com 45 anos. A casa onde viveram é hoje o museu Carlos Gardel, e vamos deixar bem claro: apesar das aparências, Gardel não era gay, e ai de quem ousar insinuar tal infâmia, pois será escorraçado em praça pública.

Mas voltemos a Evita Perón; já que eu estava no seu rastro, do cemitério fui ao museu Evita: um pouco abandonado, um pouco pobrinho, com algumas fotos, uns poucos vestidos, e onde não para de ser exibido o vídeo em que ela faz seu famoso discurso se recusando a ser candidata a vice-presidente da nação. Apesar de tanto tempo ter passado, sua figura ainda arrepia. Nunca houve, pelo menos na América do Sul — nas Américas, talvez —, uma mulher como Evita.

Depois de visitar o museu — menos do que ela merecia —, fui a uma livraria e comprei um monte de livros sobre Evita; uns que contam a história da sua vida, e outros só de fotos. Ela era elegantíssima, só se vestia em Dior e tinha os mais lindos casacos de pele que você possa imaginar.

Que a oligarquia argentina odiava Evita, todo mundo sabe, e ela não era fácil. Uma noite em que haveria espetáculo no Teatro Colón, com a plateia lotada, o casal Perón se atrasou mais de uma hora; alguns contam que a culpa foi do avião que trazia o vestido dela de Paris, outros, que Evita fez de propósito, para irritar, como ela dizia, "*estes oligarcas de mierda*". A verdade é que, quando ela — divina, com um vestido e capa deslumbrantes — e Perón chegaram ao camarote presidencial, tocou o hino nacional, como era de hábito. Os "*oligarcas de mierda*" se levantaram mas ficaram de costas para as autoridades, virados para o palco; e os Perón tiveram que engolir. Assim era a Argentina: ou as pessoas adoravam Evita ou a odiavam. Se morasse lá naquela época, eu a adoraria.

BIFE DE KOBE ARGENTINO

Eu e Linda havíamos combinado nos encontrar todas as noites às nove horas no hall do hotel, mas, depois da experiência da véspera, mudamos o lugar do encontro para o bar do Alvear. Nessa noite, quando cheguei, Linda já estava diante de um martíni, e cheia de novidades; de compras, claro.

Tinha passado o dia na Calle Florida, que, na sua opinião, já não era o que havia sido (e não era mesmo, dessas coisas Linda entende). Com o comércio um pouco decaído, o que valeu foi ir até o fim da rua para ver o tradicional hotel Plaza (que agora é Marriott Plaza), passear na Plaza San Martín, em frente, e lembrar que foi lá que ela viu pela primeira vez um baobá, aquela árvore enorme, da qual só sabia o nome porque havia lido *O pequeno príncipe*. Linda adora esse livro, é um dos seus prediletos, e ela não está nem aí se é o preferido das misses. Em compensação, adora também *Terre des hommes* e *Vol de nuit*, do mesmo autor, Saint-Exupéry, livros que leu no original. E pensa que, se tivesse conhecido Saint-Exupéry, teria se apaixonado por ele loucamente. Linda é muito romântica.

Depois de me contar em detalhes o que havia feito, e de mostrar suas botas novas, disse que tinha reservado mesa para jantar num restaurante da moda ali pertinho, na Calle Posadas, mas que precisava absolutamente tomar outro martíni para ficar mais uns minutos naquele que era o bar de sua vida e contar detalhes do que tinha visto nas Galerías Pacífico. Linda comprou ponchos, cintos, sacolas, cuias de chimarrão, tudo o que encontrou do artesanato argentino, e só faltou levar uma sela para cavalos. Mas pra que tudo isso, Linda? "Ora, quando eu não quiser mais, eu vendo."

Fora um lado totalmente comercial, ela tem também um lado sentimental, e afinal contou: íamos jantar num restaurante chamado Fervor, que foi escolhido porque ela havia lido o livro de poemas *Fervor de Buenos Aires*, de Jorge Luis Borges, ficara encantada, e achou que isso devia ser um sinal. Linda acredita muito em sinais (menos nos de trânsito, quando está dirigindo).

Na verdade, era um sinal; chegamos tão atrasadas, que já haviam cedido nossa mesa, e o jeito foi procurar outro restaurante. Eu tinha ouvido falar muito bem do Oviedo, e a recepcionista do Fervor foi gentil; ligou, reservou, e ainda chamou um táxi para nós. Meia hora depois estávamos instaladas num dos melhores restaurantes de Buenos Aires.

O Oviedo é bom, bonito, tem um serviço de primeira, mas é sem graça. As pessoas são sem graça, o clima, um tanto desanimado; um restaurante para casais de namorados que não convencem, para casais malcasados, não para duas brasileiras querendo confusão. Querendo pelo menos ver um pouco de confusão. Mas foi lá que vi no menu: bife de Kobe.

Para quem não sabe, essa carne vem do Japão, da cidade de Kobe, onde o boi é massageado todos os dias com saquê, óleo e cerveja, e é alimentado praticamente só com cerveja, além de um capim muito especial; durante sua curta vida de três anos, ouve música clássica dia e noite, para não se estressar. Sua carne, que tem veios de gordura, é tida como a melhor do mundo e, segundo me contou Boni — considerado o homem que mais entende de gastronomia e vinhos no Brasil —, custa mil dólares o quilo; e só existe no Japão, ou em raros restaurantes nos Estados Unidos.

Pedi, é claro, não sem antes perguntar ao garçom de que se tratava, se era autêntico; ele me explicou que estavam fazendo uma experiência na Argentina para chegar ao verdadeiro bife de Kobe, e, apesar de ser apenas uma experiência, achei das melhores carnes que já comi. Porque o que dá gosto à carne é a gordura, e nada pior do que um filé-mignon, macio mas sem gosto de nada. O jantar foi maravilhoso, no entanto caro para os padrões — 250 pesos para duas pessoas, com vinho. Saímos de lá felizes, só faltava concluir a noite botando o papo em dia. No La Biela, claro.

O café estava animadíssimo, como sempre, e lá ficamos até duas horas da manhã, olhando quem entrava e quem saía, e comentando. É preciso lembrar que em Buenos Aires normalmente se janta entre dez e onze horas, por isso duas da manhã ainda é bem cedo — e olha que não caímos na balada. Aliás, me contaram que os jovens argentinos voltam do trabalho, jantam, dormem, acordam à meia-noite e só aí vão para a "naite". Não, eu e Linda não temos mais idade para isso (ela talvez tenha). No dia seguinte, iria cada uma para seu lado, e nos veríamos apenas às nove da noite. Eu adoro Linda, mas o dia inteiro com ela não dá. Quando cheguei ao quarto, fiz meus planos.

PANELAÇOS

No dia seguinte iria tomar meu café no Alvear — algum luxo na vida às vezes é artigo de primeira necessidade —, e sozinha, pois Linda é um pouco espaçosa.

Fui, e meu lado deslumbrado se deslumbrou com a prataria antiga, as xícaras de porcelana, as *medias lunas* mais gostosas da cidade, os biscoitinhos, as torradas quase transparentes, a manteiga que parece ter chegado na mesma manhã diretamente da Normandia, as três qualidades de geleia, o mel; tudo é uma maravilha.

Aconselho a todos que vão a Buenos Aires a não perder o chá do Alvear, que vai das quatro às sete horas e nos leva ao século retrasado, com bolinhos, docinhos, sanduichinhos, tudo o que pode haver de melhor, em matéria de chá para pessoas de finíssimo trato. Saí andando sem destino, olhando as vitrines, e notei que, quanto mais perto do Alvear, mais caras são as coisas.

Quando vi, estava em frente ao Patio Bullrich, o shopping mais requintado, mais chique e mais caro de Buenos Aires. É de fato mais luxuoso que as Galerías Pacífico, e os preços, bem mais altos. No Bullrich há duas entradas:

pela Avenida Libertador e pela Calle Posadas. O shopping pertenceu a uma grande família argentina, os Bullrich; e naquele local, um dos mais sofisticados e valorizados da cidade, funcionava uma casa de leilões de seus touros, vacas e cavalos.

Não podemos esquecer que, nos áureos tempos da Argentina, os melhores cavalos do mundo, de polo e de corrida, eram os desse país. Aí os americanos foram chegando e comprando todos, por quantias astronômicas; e o hipódromo de San Isidro, que era o máximo de elegância, só comparável a Longchamps e Eaton, perdeu seu esplendor.

Voltando ao Patio Bullrich: como felizmente eu não estava numa onda de compras, deu para subir e descer pelas escadas rolantes olhando tudo mas sem enlouquecer com nada, a não ser com as delicatéssen. Ah, como deve ser bom morar em Buenos Aires e fazer umas comprinhas para o fim de semana.

Antes de começar a delirar, saí do shopping e continuei andando; de repente, vi uma belíssima casa com a bandeira brasileira hasteada. Era a embaixada do Brasil, só podia ser. Parei e fiquei olhando, com a leve impressão de que já tinha visto aquele filme. A memória foi voltando aos poucos, até que lembrei: na minha primeira viagem à Argentina, estive muitas vezes naquele hotel *particulier*, que pertencera à família Pereda, estancieiros e exportadores riquíssimos, cujos filhos, Bubby e Vicente, por coincidência eram meus amigos. Não sosseguei enquanto não consegui, sob os auspícios de Márcia, fazer uma visita à embaixada, que estava exatamente igual ao que havia sido. Os jardins e a piscina nos fundos da casa, é claro, para não serem vistos pelos passantes.

A história é incrível: Celidônio Pereda, pai dos meus amigos, encomendou o projeto da casa a um arquiteto francês, e as obras começaram em 1919. A casa, cópia de um prédio parisiense, só ficou pronta em 1926, e os arquitetos mandaram maquetes detalhadas dos cômodos, com indicações precisas de cores, ao célebre muralista catalão José Maria Sert. Sem sair da Europa, Sert pintou cinco telas do tamanho exato de cada teto. As telas só chegaram em 1932, e o *señor* Pereda não pôde vê-las, pois já estava cego.

A família mais tarde vendeu a casa para o governo brasileiro e se mudou para outra, não muito longe, também adquirida depois por um governo estrangeiro, o da Rússia. Nossa embaixada é deslumbrante, e rivaliza com a de Roma em beleza — cada uma em seu estilo. Saindo dali, passei pela porta da sede do Jockey Club, que não permite a entrada de mulheres, a não ser se estiverem acompanhadas por um sócio do sexo masculino. Dá para acreditar? (Quando contei a Linda, ela ficou indignada.)

Aliás, não é só na arquitetura que Buenos Aires se parece com Paris. Não conheço nenhuma cidade, além das duas, que tenha tantas livrarias e tantos cafés. E sabe por quê? Elementar, meu caro Watson: porque os argentinos leem muito. E leem porque não existe argentino analfabeto — o jornal *El Clarín* vende 1 milhão de exemplares aos domingos.

Até mesmo os bolivianos que chegam aos montes para tentar a vida na Argentina têm direito a educação e saúde — eles e qualquer imigrante de qualquer país. Informação cultural: Buenos Aires é a segunda cidade com mais bolivianos no mundo.

E quem lê tem sobre o que falar, o que discutir, por isso os cafés vivem lotados, com pessoas lendo jornais ou livros, com grupinhos discutindo filmes (os cinemas têm sessão à meia-noite) ou política. São superpolitizados, os argentinos, e qualquer motorista de táxi sabe de tudo o que está se passando no Congresso.

As livrarias são esplêndidas. A mais linda e luxuosa de todas é El Ateneo, na Avenida Santa Fe, antigo teatro do qual se conservaram os camarotes, as frisas, e até o palco, onde funciona um café. As pessoas tiram um livro da estante e sentam-se para ler — ou usam a internet, sem pagar nada —, e nisso podem passar o dia inteiro. As livrarias são uma festa, ficam abertas até alta madrugada e estão sempre cheias de gente.

E o café mais bonito, não de Buenos Aires mas talvez do mundo, é o Tortoni, na Avenida de Mayo, inaugurado há quase duzentos anos. O Tortoni é inseparável da história da cidade, e visita obrigatória para todos os estrangeiros de passagem. Os Clinton, por exemplo, estiveram lá, e frequentadores assíduos foram Borges e Gardel. Com seu estilo fim de século, pesadas cortinas de veludo cor de vinho, madeiras e bronzes bem tratados, o Tortoni conta ainda com uma bela biblioteca, uma sala de bilhar, uma de exposições e outra de espetáculos no subsolo, onde à noite tem show de tango a sessenta pesos por pessoa. Mas você pode também ir lá à tarde, para tomar um chocolate quente e comer churros recheados

CAFE TORTONI
TORTONI

de *dulce de leche* (1 milhão de calorias); depois, pode tirar da bolsa seu baralho e jogar um biribinha mano a mano com seu/sua acompanhante.

Linda tinha resolvido passar aquela tarde andando comigo pelas ruas, e cruzamos com vários passeadores de cachorros, coisa que não conhecíamos. Os que vimos eram jovens, fortes e bonitos, alguns usavam patins, e levavam dez, doze animais de variadas raças e tamanhos. Os cães se comportavam muito bem, nunca latiam, e no verão o espetáculo ainda tem uma atração a mais: os passeadores trabalham de jeans e torso nu, torso esse que parece um tanque.

Linda não aliviou: se dirigiu a um deles dizendo que tinha um cachorro etc. etc. e perguntando quanto custaria passeá-lo. Dependendo do tamanho, ele respondeu, entre 280 e trezentos pesos mensais por um passeio diário de quatro horas, das dez às catorze — nada caro. Linda não tem cachorro, claro, mas pediu a cada um dos passeadores um cartão, e também para fazer uma fotinho no celular. Ela é capaz de tudo, até de comprar um cachorro para poder marcar um encontro e combinar o trabalho.

Fomos andando e de repente nos vimos na Avenida 9 de Mayo, a mais larga do mundo, com 140 metros de largura e dez pistas para carros. Como a cidade é plana, foi fácil, com um mapinha na mão, chegar à Plaza de Mayo, que fica em frente à Casa Rosada. Nessa praça, se reuniam — e se reúnem até hoje — as mães da Plaza de Mayo, que clamam por seus filhos desaparecidos durante a ditadura. O número de mães diminuiu, mas elas continuam a se encontrar às quintas-feiras, às três horas da tarde; na cabeça, o lenço branco, que representa uma fralda. É lá também que acontecem com grande frequência os panelaços, pois os argentinos todos os dias vão para a rua reclamar de alguma coisa. Se nós, brasileiros, fizéssemos o mesmo, o país parava. Em uma semana em Buenos Aires, vi dois panelaços; contra o quê, não cheguei a saber.

Uma curiosidade: em 2001 houve na Argentina o famoso *corralito*, que congelou as contas bancárias e poupanças — nas contas em dólares, que eram permitidas, 40 bilhões foram congelados; durante pouco mais de um ano, cada argentino tinha direito a sacar apenas 250 pesos por semana, quantia que mal dava para as compras do supermercado. Nessa época, os panelaços eram realizados dia e noite, sem trégua.

A partir daí, os argentinos perderam a confiança e resolveram guardar o dinheiro em casa; lá ninguém usa cheques, e, quando a atual presidenta deu uma anistia geral, autorizando os cidadãos a repatriar as somas depositadas em bancos no exterior sem ter que pagar um centavo de imposto por isso, ninguém se mexeu; o dinheiro de todos os argentinos continua guardado ou bem longe do país ou em casa, e todas as transações são feitas com cartão de crédito ou *cash*. Os bancos já não têm cofres para alugar, e o negócio que mais prospera é o da fabricação de cofres — para guardar o dinheiro em casa.

TANGO E SOLIDÃO

Buenos Aires tem mais de quinhentos restaurantes e uma infinidade de hotéis. O mais famoso e elegante é, como não me canso de dizer, o Alvear; depois, na mesma linha, há o Caesar Park, o Four Seasons, o Sheraton, o Faena, todos com diária entre trezentos e quatrocentos dólares, todos com piscina.

O Four Seasons, moderníssimo, com treze andares, louça de Limoges e lençóis de algodão egípcio, foi construído em frente a uma mansão tipicamente francesa. Quando compraram o terreno, em lugar de demolir a magnífica residência, optaram por conservá-la. Você pode, se quiser, fazer como Madonna e os Rolling Stones: alugar a mansão inteira (preço a combinar). E, aos domingos, o brunch do Four Seasons, servido na mansão, rivaliza com o do Alvear, ambos absurdamente maravilhosos. O preço é fixo — dependendo do câmbio do dia, entre cem e 130 reais —, o horário é do meio-dia às quatro, e é preciso reservar; mas que brunch!

Para começar, *champã*, que não param de servir, e vinhos, branco e tinto, às cascatas. Na imensa mesa, salmão defumado, salmão caramelado, vieiras, ostras, aspargos verdes cozidos no ponto, todos os queijos que existem, carnes, peixes, frangos; e detalhe: o limão, cortado, vem dentro de um saquinho de filó, uma coisa. Esquecemos de qualquer dieta, e entre dezenas de sobremesas escolhi uma bem de época: *crêpes Suzette*. Claro que não dá para falar de tudo o que tinha nesses brunches — talvez fosse mais fácil falar do que não tinha —, mas prefiro mudar de assunto porque estou escrevendo às três horas da tarde e minha geladeira está vazia, ah, que saudade.

O problema é que o brunch é aos domingos, e a feira de San Telmo também. Eu resolvi a questão fazendo cedo o brunch, já que a feira dura o dia inteiro e não dá para não ir — e, de preferência, com dinheiro no bolso. O precioso bairro, o mais antigo da cidade, agora abriga mais de quinhentos antiquários que vendem absolutamente tudo, de liquidificadores a velhas malas de crocodilo e vestidos das aristocratas que empobreceram e tiveram que se desfazer até das roupas, algumas ainda com etiquetas Christian Dior.

É de pirar, e, se você tiver pouco juízo como eu, talvez o melhor seja não ir a essa feira. Linda, que em matéria de juízo é zero, comprou o que podia e não podia, e detonou no cartão de crédito. Quando perguntei o que ela ia fazer com todas aquelas coisas, respondeu o de sempre: "Ah, se eu enjoar, eu vendo". Foi então que esclareci a dúvida que me perseguia havia anos: é disso que Linda vive. De usar, enjoar e depois vender, o que para ela, aliás, é perfeitamente natural.

O tango rola no asfalto o dia inteiro, e, se você em algum momento, mesmo depois do brunch, quiser comer

FERIA SAN TELMO
INFORMES

algo inusitado, vá ao La Brigada provar o búfalo, o javali ou, quem sabe, o *baby-beef* de 850 gramas. A partir das oito da noite, o tango começa a ficar sério, e, se você for ao tradicional El Viejo Almacén ou ao Michelangelo, não vai se arrepender. Mas, se preferir uma milonga, opte pelo Club Gricel, uma das melhores milongas da cidade.

O hotel Faena, decorado por Philippe Starck, de quem eu decididamente não gosto, tem um show de tango no seu Cabaret que é um espetáculo mas custa duzentos dólares por pessoa — o que em Buenos Aires é escandaloso. Aliás, o Faena fica em Puerto Madero, num antigo armazém remodelado pelo mesmo Philippe Starck, e é fundamental visitar — só visitar — seu restaurante, o Bistro, em cujas paredes há cabeças de unicórnio branco. O local parece um barracão de escola de samba feito por Joãosinho Trinta.

Puerto Madero foi construído para ser o porto da cidade, mas não deu certo, e ele se transformou num importante polo de turismo, com vários restaurantes, um colado no outro, nenhum ruim e nenhum excepcional. Uma coisa sem muita graça, para turistas não muito exigentes. Em compensação, tem cassino; como o jogo não é permitido em Buenos Aires, deram um jeitinho e fizeram o cassino num barco que, apesar de atracado, não está no território da cidade. As apostas começam com 25 reais — o público é quase todo de brasileiros —, e o clima não tem nada a ver com aquele dos grandes cassinos. E jogar ficou tão fora de moda, não é?

No dia seguinte fiz um programa que me encantou; comprei o jornal *El Clarín* e fui tomar café no La Biela;

fiquei horas lendo, me sentindo uma verdadeira argentina. Lendo pouco e olhando muito o movimento. Pedi um chá com sanduíches de pão de miga, que são sanduíches comuns mas com um pão cortado fininho, uma delícia. E mal acreditei num anúncio que vi no jornal: no Teatro Arlequino aconteceria na semana seguinte "o primeiro evento cultural nudista", com a peça *A casa de Bernarda Alba*, de García Lorca; o "traje obrigatório" seria estar inteiramente nu, não se admitiriam intrusos vestidos, e a ideia era repetir o evento a cada quinze dias.

Foi nessa hora que Linda chegou, de surpresa, e, apesar de odiar teatro — por falta de paciência e por ter de ficar calada —, quase me implorou para irmos ao Arlequino. Eu me recusei; se ela quisesse, que fosse sozinha. Mas Linda no fundo é tímida, disse que não estava lá uma Brastemp para enfrentar uma nudez, assim de repente, e confessou sua carência: queria ficar o dia inteiro comigo, mesmo que eu fosse a um museu — e ela detesta museus.

Disse que ia visitar o bairro popular La Boca, e ela respondeu que era tudo o que queria na vida. Pegamos um táxi, um *remise*, e ele nos levou diretamente à rua principal do bairro, que tem duzentos metros e se chama Caminito, a coisa mais portenha que existe na cidade. Como tinham me avisado que a Boca, depois que escurece, é francamente perigosa, pedi que o motorista nos esperasse.

Continuando: como fazia muito frio, as janelas do táxi estavam todas fechadas, e, quando a porta se abriu para descermos, um tango tocava bem alto. Eu estava mais em Buenos Aires do que nunca. E quem cantava? Carlos Gardel, é claro. Fiquei zonza, de tanta emoção.

No Caminito, que é uma festa permanente, tem barracas e lojas, todas de artigos típicos, alguns muito interessantes e originais, e casas bem pequenas, improvisadas com chapas de aço, cada uma de uma cor. Lá moravam os imigrantes italianos, que, como não tinham dinheiro, pintavam as casas com os restos de tinta que os navios deixavam.

Como entender este universo misterioso e impenetrável que é o do tango? Não se pode falar de tango, é preciso ouvir, ver as estonteantes coreografias e entender as letras, todas tristíssimas, terminando frequentemente com "*en mi pobre corazón*".

Soube depois a origem de tanta tristeza: nos idos de 1900, quando começaram a chegar os imigrantes italianos, os homens vinham com seus filhos mais velhos e as mulheres ficavam esperando que eles melhorassem de vida para vir encontrá-los. Sem mulheres, os homens dançavam entre si — nada a ver com homossexualismo — ou com as prostitutas, e aí entraram em cena o *bandoneón* e a *guitarra*.

No início era apenas a melodia, depois vieram as letras, que falavam das mulheres que permaneceram na Itália e da *madrecita*. A maioria dos que chegavam eram homens jovens e solteiros, e nas letras dos tangos eles choravam a saudade do mundo feminino. Alguns anos antes, com o objetivo de comprar cavalos para a Guerra dos Bôeres, na África do Sul, tinham vindo os ingleses, muitos dos quais ficaram no país. Dessa mistura de povos, associada a uma excelente alimentação, surgiram os argentinos, bonitos e elegantes, que, segundo dizem, se acham os ingleses da América do Sul.

Voltando ao Caminito: quando o casal de dançarinos acabou sua performance, veio outro, e na Boca é assim; são profissionais que por uns trocados passam o dia dançando. Continuamos a passear, e vimos uma porta com um cartaz onde estava escrito "Aulas de tango". Linda logo se assanhou, e entramos; eu, um pouco inibida, mas fui. Quem sabe não tomava coragem e aprendia alguns passos desse ritmo misterioso? Talvez até conseguisse compreender melhor a sedução do tango.

Havia professores homens e mulheres, todos simpáticos e interessados em ensinar ao menos o básico do tango, mas qual. É difícil, e os passos que eles executam são tão fantásticos que logo o aluno desanima. Não, o tango não é para qualquer um. Linda se animou e disse que ia ficar. Recomendei que voltasse enquanto estava dia claro, e me conformei em ver o tango dançado por quem sabe.

E aos domingos, tanto na Recoleta como em San Telmo, casais de dançarinos volteiam em pleno asfalto, ao som do rádio. O tango é coisa séria, e, se você mergulha nesse mundo, como fez Robert Duvall, nenhuma outra música ou dança tem graça.

É impossível aprender, e só me restou comprar *posters* de Evita, Gardel e Maradona, ir conhecer o estádio do Boca Juniors, La Bombonera, onde os torcedores ficam a poucos metros do gramado, e prestar uma homenagem muda a Maradona, pois foi lá que o craque surgiu para as glórias do mundo. Não dá para sair de Buenos Aires sem conhecer o mítico estádio, que ganhou esse nome por se parecer com uma caixa de bombons; ele treme ao grito da torcida, que tem paixão por Maradona (como eu). E, se você nunca foi a um prostíbulo e tiver curiosidade de ver como é — e quem não tem? —, vá comer alguma coisa no Bar La Perla, antigo bordel, ali pertinho, para sentir o clima.

CILADA PARA TURISTA

Existem todos os tipos de restaurante em Buenos Aires. Desde El Globo, no bairro dos italianos, aonde se costuma ir aos domingos para comer um *puchero* — quase o nosso cozido, só que sem pirão e sem banana —, ao novíssimo Casa Cruz, em Palermo, também conhecido como Villa Freud, tal a quantidade de psicanalistas que lá têm seus consultórios. Sabendo que se tratava de um restaurante tipo chique, Linda pôs até umas pestanas postiças. Palermo é um bairro elegante, onde há um comércio moderno, mas, não sei bem por quê, não faz muito a minha cabeça. Reservamos para as dez horas, tomamos nosso drinque no Alvear e seguimos para a Calle Uriarte, que fica um pouquinho longe da Recoleta.

O restaurante é um show, apesar de um tanto cafona: logo na entrada, um bar oval, preto, sofás de veludo, paredes escuras e carpete de oncinha. Oncinha é uma coisa perigosa; mesmo em almofadas, biquínis, camisas, vestidos etc., é preciso tomar cuidado com ela. Mas a luz é tão boa, a trilha musical, tão bem escolhida, que eu ficaria morando no Casa Cruz para sempre. O garçom mais velho acho que ainda não completou 25 anos; todos usavam calça preta, camisa branca, colete e tênis All Star preto; a comida, um sonho.

Pedi de entrada um *crème brûlée de foie gras*, e depois umas costeletas de cordeiro que vieram impecáveis, cor-de-rosa como a boquinha de um recém-nascido. Um sonho, repito. Cada uma de nós tomou dois drinques no bar, e vinho durante o jantar, e a conta foi 330 pesos. Lembrei dos preços do Rio e de São Paulo, e me deu vontade de nunca mais sair de casa quando voltasse ao Brasil. Um escândalo, o que cobram nossos restaurantes.

A noite tinha sido tão incrivelmente luxuosa, que dispensamos o La Biela e fomos direto para o hotel. No táxi, comentei com Linda que pretendia fazer um passeio turístico — ir de barco até o Uruguai, uma hora de viagem —, e ela logo se alvoroçou. Disse que não ia perder essa por nada no mundo, que adorava carimbos em seu passaporte e queria porque queria ter o da República Oriental del Uruguay, apesar de termos perdido para eles a Copa de 50. "E você já era nascida quando isso aconteceu, Linda?", perguntei. Ela se engasgou, tossiu um pouquinho (para ter tempo de pensar) e respondeu: "Claro que não, mas cansei de ouvir essa história de meu pai". OK, Linda, eu acredito em tudo o que você diz.

No dia seguinte fui a uma agência da Buquebus comprar os bilhetes para nossa excursão. O barco sairia na manhã do outro dia, às onze e meia, mas seria preciso estar no local combinado às dez horas. Claro; mesmo sendo tão perto, o Uruguai é outro país, então passaríamos pelo controle de passaportes, alfândega, e ainda teríamos que preencher um formulário do Ministério da Saúde, devido à gripe suína. Estávamos indo para uma cidade chamada Colonia, que nos disseram ser muito bonita. Depois de uma hora ouvindo as reclamações de

Linda — que tinha dormido pouco, que a água do rio era marrom e ela estava acostumada a águas cristalinas, e por aí vai —, enfim chegamos, e passamos por tudo de novo: controle de passaportes, alfândega etc. etc. No barco, pensei o que sempre penso em algum momento de qualquer viagem: o que é que estou fazendo aqui? Bem, já que estávamos ali, era lembrar de Marta Suplicy: relaxar e aproveitar.

Entramos num ônibus daqueles bem de excursão — era a primeira experiência no gênero para Linda — e nos deparamos com uma cidade de 100 mil habitantes, com tão poucos carros que nas ruas não havia sinais de trânsito. Alguns cachorros sem dono vagavam pelas calçadas e de vez em quando se deitavam para pegar um pouco de sol. Graça, zero. Fomos direto para um restaurante (o almoço estava incluído no pacote, que tinha custado o equivalente a uns cem reais), e encaramos uma mesa de frios e um prato quente abaixo da crítica.

Mas Linda viu uma imobiliária com anúncios nas vitrines e, como não resiste ao assunto, me arrastou para dar uma olhada. E logo disse: "E por que não compramos uma casa aqui?". O preço de uma casa modesta é 85 mil dólares, e o de uma mais transada, de frente para a praia (aquela praia do rio de água marrom), 250 mil. Arrastei Linda de volta para o ônibus, que rodou por cinco minutos pela cidade, vimos de longe uma praça de touros, e paramos outra vez para ir às lojas.

Sabe o que fez a sábia Linda e eu imitei na hora? Dobrou seu casaco, que virou travesseiro, se espichou e dormiu. Depois, tudo de novo: passaportes, alfândega etc.

etc., e tomamos o barco de volta para Buenos Aires jurando que nunca mais faríamos programas turísticos, a não ser os muito bem recomendados. Detalhe: no barco, os homens bebiam chimarrão, e levavam sacolas de couro com garrafa térmica para água quente, um pacote de mate e a cuia. Mais *gauchos*, impossível.

Para salvar o dia, decidimos trocar de roupa e ir correndo tomar um drinque no Alvear — um, não, dois — e jantar num restaurante bem legal e que não fosse muito longe. Márcia tinha indicado o Sottovoce, na Avenida Libertador, lá pertinho. Do Alvear ligamos para reservar, e fomos a pé. O restaurante era do tipo para gente fina, porém sem muitos fru-frus. Pedi um fígado à veneziana inesquecível, pois, além de delicioso, era fígado de vitela: aquele clarinho, não vermelho escuro, quase preto. Será que no Brasil vitela não tem fígado? Então por que não se encontra fígado de vitela nem nos açougues nem nos restaurantes? Mistério. Não me lembro do que Linda comeu, mas tomamos vinho e a conta foi 140 pesos.

Fomos dormir cedo; afinal, tínhamos feito uma viagem internacional, ida e volta, num dia só. E no dia seguinte eu pretendia visitar o Teatro Colón, que infelizmente estava em obras; mas mesmo assim valia a pena rever aquela entrada inacreditável, com mármores de todas as cores, o lustre de sete metros de diâmetro com setecentas lâmpadas, e os sete andares de camarotes. O teatro acomoda 2500 pessoas sentadas e quinhentas em pé, é o maior e mais importante de toda a América do Sul, sua acústica é das mais perfeitas do mundo, e o palco, imenso, um quadrado de 32 m × 32 m.

Eu adoraria levar Linda para ver um espetáculo lá, mas para isso teremos que voltar a Buenos Aires em 2010, quando o Colón estará pronto. Não faz mal, a gente volta, disse ela. Claro, a gente volta. Eu queria saber também como fazer para ir a uma estância, daquelas que só existem mesmo na Argentina, pois me lembrava de, muitos anos antes, ter passado um fim de semana em uma fantástica e da qual nunca me esqueci; chamava-se La Concepción.

LA CONCEPCIÓN

La Concepción pertencia aos Blaquier, uma das famílias mais *lo mejor de lo mejor.* Nascido em 1915, Juan José Blaquier, bonito, sedutor, jogador de polo, tenista, corredor de automóveis, piloto amador, casou-se com uma das mulheres mais lindas da Argentina, Malena, vinte anos.

Nos primeiros onze anos de casamento, tiveram nove filhos, dois homens e sete mulheres. Com eles, o casal passava seis meses por ano na Europa, e a paixão pelo esporte era tão grande, que La Concepción tinha três campos de polo, e quatro das filhas formaram um time feminino. Detalhe: as selas, os arreios, tudo o que dizia respeito aos cavalos da estância, os melhores do mundo, vinha da Maison Hermès, de Paris. Aos 43 anos, Juan foi aos Estados Unidos buscar seu novo avião; veio pilotando, mas não chegou a seu destino, e seu corpo nunca foi encontrado.

Aos domingos La Concepción recebia para um *asado* (churrasco) em volta da piscina, regado a Dom Pérignon, cerca de cem pessoas, e os campeonatos de polo aconteciam todos os anos. Os maiores jogadores do planeta, políticos e milionários cruzavam os oceanos para participar dos torneios ou apenas para desfrutar a hospedagem *royale* dos Blaquier. Entre eles, o príncipe Philip de Edimburgo, o marajá de Jaipur, Elie de Rothschild, Edward Kennedy, Henry Ford e Robert de Balkany.

A vida é muito engraçada, mesmo. Conheci Robert da primeira vez que estive em Paris; ele era um jovem playboy, que circulava nas noites e nas festas, mas o mundo rodou, ele se envolveu em negócios imobiliários e na construção de Parly 2, uma espécie de Barra da Tijuca de Paris, ficou rico e se casou com Maria Gabriella di Savoia, filha do último rei da Itália. Aí, Robert Balkany tornou-se Robert de Balkany. Para quem não sabe, esse *de* antes do sobrenome dá nobreza aos personagens, veja que coisa séria. Quando o príncipe Philip esteve na Concepción, os jornais de fofocas não se inibiram de mencionar um caso entre ele e a já viúva Malena; desmentido, é claro.

Na pequena cidade Lobos, ao lado da Concepción, Perón nasceu, e lá viveu toda a sua juventude. Diz a lenda que o ódio do general à oligarquia vem da proximidade da estância, e da comparação entre os grandes estancieiros e a pobre população de Lobos. O tempo passou, a Argentina mudou, as famílias ficaram menos ricas. A Concepción foi dividida entre os herdeiros, que conservaram a casa principal, seu anexo e um belo campo em volta; no total a estância pode hospedar sessenta pessoas, e, para mantê-la, a família a aluga para casamentos, convenções etc., e também para grupos que queiram passar uma temporada ali.

Descobri, enfim, como me conectar com alguém que pudesse me levar a La Concepción, que fica a uns 150 quilômetros de Buenos Aires, e marcamos para a manhã seguinte. O guia, cujo nome era Fito, viria me buscar às onze horas. É claro que Linda se assanhou toda quando soube da minha programação, e disse que ia também. Ótimo, assim dividiríamos a despesa: seriam duzentos dólares pelo dia, cem para cada uma.

Qual a minha surpresa quando um carro desses bem grandões que estão na moda chegou, conduzido pelo homem mais lindo que vi nos últimos anos: Fito, apelido de Adolfo, Adolfito. Minha amiga teve logo uma paixão fulminante, me botou no banco de trás e foi na frente, fazendo caras e bocas, que disso ela entende. Não posso culpá-la; Fito é, realmente, um deus de beleza, e elegante — tem aquela elegância que não se aprende, já se nasce com.

Papo vai, papo vem, fiquei sabendo que ele é neto do casal Blaquier, filho de uma das sete irmãs, que se casou com um suíço. E ficamos sabendo de muitas coisas mais. Malena, hoje com 95 anos, tem cinquenta netos e 37 bisnetos. E, pelo que sei e ouvi falar, todos lindos.

Como a casa é de todos, foi feita uma planilha com as datas em que cada um tem o direito de ocupar a propriedade por uma semana, durante o ano. Cada um tem a sua planilha, claro, mas, para que não haja a menor dúvida, há uma colada na parede da cozinha. Uma vez por ano vão todos ao mesmo tempo, e me pergunto como é possível que se reconheçam e saibam os nomes de todos os primos, sobrinhos, tios, tias, netos, bisnetos; afinal, são quase cem pessoas! No entanto, parece que sabem, e que o encontro é uma grande alegria para todos.

É claro que eu não lembrava muito bem como era La Concepción; mas, quando nos aproximamos, tive a sensação de rever alguma coisa, e com muita emoção. Para começar, o campo na Argentina é deslumbrante, e o ar é tão fresco e puro que pode intoxicar os que estão acostumados a respirar o ar poluído das cidades. O pampa é plano, não existe uma só montanha no horizonte. Na área em volta da casa há um lago com ilha e cascata, e deve ser fantástico ver a família toda reunida na imensa piscina.

A casa-grande é ampla, confortável, mas simples, nada de decoração; apenas várias salas com sofás, mesas, poltronas, uma sala de jantar com mesa para mais de vinte pessoas, enfim, uma casa normal, de bom gosto, de uma família grande — grande, não, enorme —, e cheia de fotos nas paredes. Fotos da família, dos hóspedes, dos momentos felizes, que foram muitos.

Nesse dia, estavam na Concepción duas tias de Fito, e uma delas contou do espanto causado por uma família americana que tinha alugado a estância por uma semana. Um dos hóspedes perguntou por que não construíam dois banheiros no andar térreo, um para mulheres e outro para homens. Sabe a razão do espanto? Ela não entendia por que, numa casa em que cada quarto tem o seu banheiro, as pessoas não iriam ao seu próprio, onde encontrariam seu sabonete, sua escova de cabelo etc. Os americanos não entenderam, claro. E como pode um americano entender o pensamento da mais fina flor da aristocracia rural da Argentina?

Passamos um belo momento na estância — Linda já queria viver lá para sempre (com Fito, é claro) —, e na volta paramos em Lobos. Lá, as casas são estranhas, com o teto horizontal sem telhas, sem o caimento das nossas.

No restaurante em que almoçamos, tinha um grande *asador* no meio da sala, onde as carnes estavam sendo grelhadas; uma delícia, o cheiro da carne em cima do fogo.

Para chegar a La Concepción, toma-se o caminho do aeroporto de Ezeiza, e durante a viagem Fito foi nos apontando diversas entradas que levam a estâncias famosas por seu tamanho e importância. E eu soube também que muitos executivos de São Paulo pegam um avião para Buenos Aires — duas horas de voo — na sexta-feira à tarde, e de Ezeiza vão direto para suas estâncias. Domingo à noite voltam, sem enfrentar trânsito, tendo passado dois dias divinos em pleno campo.

Aliás, Buenos Aires está se tornando cobiçada por empresários europeus e por universitários que sonham com uma cidade elegante, civilizada, fascinante, sem violência, com excelente gastronomia e qualidade de vida, onde ainda se pode viver muito confortavelmente sem pagar os preços dos países do Primeiro Mundo — ou até do Brasil.

TANGO ZEN

Buenos Aires é mesmo surpreendente: nem todos os turistas têm a sorte que eu tive de conhecer a *peña*, uma tradição portenha. Na sala de um café, digamos, as pessoas sentam-se normalmente, pedem uma bebida, e de repente, numa mesa, alguém pega a *guitarra* e começa a tocar e cantar; daí a pouco, em outra mesa, e interrompendo o primeiro, outra *guitarra*, outro cantor, outra canção. E por aí vão indo, um se intrometendo na performance do outro, e o local se transforma numa grande cantoria; as músicas são as mais tradicionais *criollas*, o equivalente — mas nada a ver — às nossas canções sertanejas.

Ainda mais interessantes do que as *peñas* musicais são as *peñas* políticas. O princípio é o mesmo: num dia certo (todas as semanas), num café, as pessoas tomam chimarrão ou um copo de vinho e discutem... política, e várias dessas *peñas* existem há anos. Exemplos: a *peña del general*, onde se reúnem os peronistas para falar de política mas sobretudo de Perón; as *peñas* judias, para discutir judaísmo; as *peñas* de raiz *criolla*, as mais radicais; as *peñas* dos imigrantes italianos, e, como não podia deixar de ser, a *peña* Evita.

Ah, Evita está lá, presente em muitos corações como se estivesse viva. A mulher que rompia as madrugadas atendendo pessoalmente os pobres e necessitados e sendo adorada por eles não era sopa. Nos tempos em que ainda era atriz — e parece que má atriz —, ela teve uma discussão, por ciúmes, com a mais famosa artista da época: Libertad Lamarque. Quando Perón foi eleito, Evita praticamente obrigou Lamarque a sair do país, já que ninguém lhe dava trabalho, por imposição da primeira-dama. Arrasada, a atriz foi para o México, onde tentou o suicídio se jogando por uma janela; só não morreu porque um toldo a amparou. Depois da queda de Perón ela voltou à Argentina, e foi aclamada pelos inimigos de Evita.

Buenos Aires é uma cidade de machos — ao menos é o que eu acho —, mas isso não quer dizer que o mundo gay não exista por lá. Existe, e tanto, que uma noite, depois do jantar, fui (sozinha, porque Linda não se interessou) ver a finalíssima do Campeonato de Tango Gay. Fiquei olhando os casais dançarem, e concluí que o tango não é para ser dançado por dois homens de terno e gravata — simplesmente porque não combina. Mesmo assim vou dar o endereço de onde aconteceu o campeonato, pois pode interessar a muita gente. Na Calle Maipú, 444, sobe-se uma escada e cada um dança com quem quer, e ainda pode tomar aulas de tango.

Lá ganhei um folheto que anunciava aulas de tango zen, onde se ensina a dançar o tango desfrutando grande calma, e também aulas de tango *zensual*, que é o chamado tango milongueiro. Não acreditei no primeiro, porque tango e meditação zen para mim são absolutamente opostos; mas nunca se sabe. Duas aulas saem por 25 pesos, e por esse preço não custa tentar.

Quando cheguei ao hotel, havia um bilhete de Linda debaixo da porta do quarto: "Querida, encontrei uma amiga que não via há anos, e ela nos convidou para jantar amanhã. Disse para irmos de jeans, que somos só nós. Na portaria do hotel, às oito e meia, OK? Não posso te ver antes porque ainda tenho que fazer umas comprinhas". Fiquei imaginando que amiga seria aquela, encontrada numa rua de Buenos Aires. Mas, como ia ser nossa última noite, entreguei a alma a Deus e passei o dia tranquila, fazendo as malas, tomando chá no La Biela, tudo *relax*, que é bem como eu gosto em véspera de viagem.

À noite, Linda foi logo contando: a amiga que tinha encontrado era Camila, uma inglesa que havia conhecido em Nova York e que agora estava casada com um diplomata argentino. "E você não sabe, querida, ela é *lady*, *lady* de verdade." Linda é deslumbrada, mas não costuma mentir.

Chegamos a uma casa linda, pequena, a cara daquelas casas de Londres, num bairro chamado La Isla, a dois passos da embaixada britânica. Camila — bonitíssima e elegantíssima, dois metros de altura e vestida de jeans — e Roberto nos receberam efusivamente. O casal nos ofereceu champanhe; mais tarde Roberto foi para a cozinha e fez um risoto de trufas que a própria Camila serviu, depois uma salada, queijos e sorvete.

Tudo chiquérrimo, aquele chique de verdade — e sem empregada. Passamos uma noite agradabilíssima, e Camila, que gosta muito de Linda, disse que ela devia ir a Londres, que daria os telefones de vários amigos e amigas que adorariam conhecê-la e passeá-la. Os olhos de Linda brilharam: Londres, com os amigos de Camila, talvez um lorde, sabe-se lá. Saímos dali trocando juras de amor e prometendo voltar breve; chegando ao hotel, pedimos que nos acordassem às sete horas. A vida é dura.

No aeroporto, depois de uma geral no free shop, Linda caiu em depressão. Senti que, mais que de um antidepressivo, ela precisava de um objetivo, e o objetivo, para Linda, é sempre o mesmo: uma nova viagem. Retocou a maquiagem e me disse, toda melosa: "Buenos Aires foi tão bom; e Londres, você topa?". Eu disse sim, porém sem refletir e sem lembrar que, a partir desse sim, nunca mais ia ter sossego. Ela pegou seu iPod e começou a ouvir "El día que me quieras", seguido de "Mi Buenos Aires querido", cantados por Gardel, e seus olhos estavam cheios de água quando o avião subiu. Mas Linda esquece fácil, e minutos depois dormia como um anjo; foi quando pensei: "E por que não?".

Linda conseguiu passagens com desconto, um hotel maravilhoso que estava fazendo uma promoção, e me avisou: tinha que passar em Paris para resolver um assunto, se eu não quisesse ir que não fosse. Como passar em Paris, para mim, nunca chegou a ser um sacrifício, topei, e, quando me dei conta, a data da viagem já estava marcada. Não vou dizer que não tenha gostado; adoro Linda, mesmo que, se me distraio, acabe fazendo tudo o que ela quer. Agora, como tudo o que ela quer costuma ser alegre, divertido, e melhor companhia de viagem não existe, relaxei e me animei. Mas atravessar o oceano para ir só a duas cidades, nem pensar. E fiquei matutando: quem sabe não poderíamos dar um pulo a Berlim, que não conheço? Afinal, é tudo tão pertinho.

Pronto, agora eu também tinha um objetivo, aliás, três: Berlim, Paris e Londres.

BERLIM

OS ALEMÃES SÃO BONS DE CAMA

Depois de uma viagem de onze horas Rio-Paris, eu e Linda procuramos o portão de embarque da Eurowings, para fazer a conexão Paris-Berlim, e aconteceu o primeiro susto: o painel anunciava voo "com atraso", o que não era exatamente uma boa notícia. Procurei saber de quanto tempo seria o atraso, e me informaram: cinco minutos. É, cinco minutos. Foi nosso primeiro contato com a pontualidade alemã.

No fim da curta viagem em que só fizemos dormir, ouvimos o anúncio — primeiro em alemão, depois em inglês: em poucos instantes estaríamos aterrissando. Foi quando me fiz mais uma vez a pergunta: o que é que estou fazendo aqui? Nessa hora vi o valor de uma amizade; afinal, eu é que tinha inventado aquela ida a Berlim, e Linda me acompanhou por solidariedade, nada mais. É verdade que ela estava adorando a ideia de ter um carimbo novo no passaporte, e as despesas na Alemanha correriam por minha conta, mas mesmo assim é preciso ser justa: ela foi bem legal. Como sempre, aliás.

Mas por que Berlim? Afinal, nunca fui especialmente ligada na Alemanha, e o que até então sabia daquele país era o óbvio: a guerra, Marlene Dietrich, Kurt Weil, Brecht, Wagner, e pouco mais. Mas também tinha ouvido muito falar que de uns tempos para cá Berlim virou uma cidade incrível: moderna, avançada, cosmopolita, que é lá que as coisas acontecem, lá que a vida noturna é a mais fantástica, que em nenhum outro lugar do mundo há mais liberdade, e por aí vai. Estava muito, mas muito curiosa, querendo saber que liberdade tão grande era essa.

Quando vi no aeroporto os primeiros letreiros em alemão, fiquei muito feliz de estarmos levando apenas uma mala de rodinhas, que nem foi preciso despachar (deixamos as grandes no guarda-malas do aeroporto de Paris). Como seria possível descobrir onde pegar a bagagem, com aquela língua tão estranha? Inacessível, eu diria. A felicidade começou no táxi, um lindo Mercedes novinho em folha. Tentei trocar umas palavras em inglês com o motorista, e soube que ele era... francês, de pais quenianos. A vida ficou mais fácil. Linda nem prestava atenção na conversa; como quase sempre, estava sonhando, se achando a própria Marlene Dietrich no *Anjo azul* e Liza Minnelli em *Cabaré*.

O trânsito estava péssimo — o que é raro na cidade —, e soubemos a razão: nos últimos cinquenta minutos 25 aviões sobrevoaram Berlim sem poder descer (quando puderam, desceram todos juntos), devido a uma tempestade violenta. Tão violenta que, ao sairmos para jantar, vimos um carro de polícia parado e alguns policiais serrando uma árvore que havia caído. Íamos atravessar a rua, mas o chefe do grupo apitou, mandou parar a serra e, com um gesto elegante, nos deu passagem. Linda começou a adorar Berlim.

Como tenho uma amiga, Vera, que morou anos na cidade, perguntei se ela não conhecia alguém que pudesse nos dar um *help*. Vera me pôs em contato com a Emília, que vive lá, e combinamos que ela seria nossa cicerone. Como conseguir me mexer naquele lugar em que as ruas têm nomes enormes, com quarenta consoantes e quatro vogais? Com Linda não podia contar, já que, apesar da mordomia, ela estava um pouco antipática, pois não tinha visto ainda nem uma boa vitrine nem um homem bonito, e só pensava em ir para Paris, onde precisava "resolver um assunto". Que assunto? Mistério.

Na primeira noite reservamos um restaurante bem alemão, e fomos ao mais antigo da cidade, o — atenção — ZUR LETZTEN INSTANZ, que significa "Até a última instância". Lá, todos os pratos típicos têm nomes jurídicos, como "declaração da testemunha", ou "interrogatório"; o restaurante, uma *Kneipe* (adega) de estilo tradicional, é popular, e foi lá que o ex-presidente Gerhard Schröder levou o então presidente da França, Jacques Chirac, para jantar. Linda pediu uma água com gás, e eu e Emília, uma cerveja, para entrar logo no clima. O copo era tão grande que deu até medo; meio litro em cada, dá para acreditar? E a temperatura da cerveja era quase ambiente; essa história de estupidamente gelada, só no Brasil.

Eu queria provar um prato típico, e escolhi um que, quando chegou, me assustou de verdade — e, por favor, não me perguntem o nome. Era um pé (ou joelho) de porco tão grande, mas tão grande, que parecia a pata de um cavalo. Acompanhando, uns seis bolinhos de batata, cada um do tamanho de uma laranja, e um estranho patê. Não, não posso chamar aquilo de patê; era uma misteriosa pasta, meio branca, mas feita de quê? Passei um pouquinho no pão, não consegui identificar (nem comer), e foi preciso perguntar à garçonete de que se tratava. Simples: gordura de porco misturada a salsinha picada, para ajudar a esquentar o corpo no inverno. A gastronomia alemã é muito, muito curiosa.

Na mesa em frente, dois casais já estavam no segundo copo de cerveja (portanto, se aproximando do primeiro litro da noite), e fiquei prestando atenção no que comiam. O prato de um dos homens veio parecido com o meu, mas com um pedaço de carne ainda maior, do tamanho de um abacaxi. Pois o alemão devorou tudo. Linda beliscou um pedaço de um bolinho, e só tomou sua água (cerveja engorda). O jantar custou, por pessoa, dezenove euros; barato, pela quantidade, porém muito esquisito para nosso paladar. Afinal, estamos acostumados a comidas singelas, como feijoadas, vatapás, moquecas com dendê, e fico imaginando como deve ser para um germânico encarar um acarajé ou um sarapatel. O que ele deve pensar de nós? Horrores, claro.

Depois de um primeiro dia tão emocionante, nada como tomar um chá no *lobby* do luxuoso Westin Grand Hotel, onde ficamos, e olhando para o pedaço do Muro que colocaram na calçada, como se fosse um painel, para satisfazer a curiosidade dos hóspedes. Linda foi correndo lá fora pegar um pedacinho para levar de lembrança, sem saber que isso não era permitido; ouviu logo um não do porteiro. Mas, para mim, ver aquele metro e meio de muro não foi suficiente; quem assistiu pela televisão à derrubada do Muro precisa mais do que daquela amostra para matar a fome. O hall do hotel é enorme, há um bar e uma escadaria imensa, muito maior do que a de ...*E o vento levou* (é nele que se hospedam os Rolling Stones, quando passam pela cidade). Linda subiu para ver não sei o quê, mas o que ela queria mesmo era descer, sem olhar para o chão, como as grandes vedetes. E detalhe: de sapato alto; isso ela sabe fazer. Acho que Linda usa sapato alto até para ir à praia.

Finalmente subimos para o quarto, onde caí pela primeira vez numa cama alemã; elas são consideradas as melhores do mundo, e com razão. Só tem uma coisa estranha: não existe o lençol de cima; o edredom, dentro de uma capa, fica direto sobre o corpo. Para quem não está acostumado, ele escorrega durante a noite e acaba caindo, e não esquecerei jamais dos travesseiros, mais leves e macios do que devem ser as nuvens. Na mesa de cabeceira, como acontece em diversos hotéis, um cartão dizendo que, se o hóspede quiser que a roupa de cama seja trocada, que ponha o cartão na cama; se for a toalha de banho, ela deve ser deixada na banheira. E sabe por quê? Está escrito no cartão: "Juntos, podemos reduzir o uso do cloro e dos detergentes, e economizar milhões de litros de água". A água é o bem mais precioso do planeta, e a Alemanha é o país mais ecológico que existe.

E, por falar em água, em cima de uma mesinha do quarto, uma garrafa de meio litro de água mineral chamada Silence, com o preço: 8,50 euros. Realmente, a água é ainda mais preciosa do que eu imaginava. Linda nem se tocou: "Não há de ser por causa de uma toalha de banho, um lençol e duas fronhas que o meio ambiente vai se dar mal. Quero minha cama bem limpinha".

Foi difícil acordar Linda na manhã seguinte (estávamos no mesmo quarto); "Levantar pra quê? Pra ver uns pedaços de muro?". Mas depois de algum esforço consegui.

A cidade está incentivando o turismo: quem comprar uma passagem de avião pela Air Berlin, e reservar hotel com quarenta dias de antecedência, paga por essa passagem (ida e volta) apenas 49 euros, não importa a cidade europeia de onde venha. A única exigência é que se chegue numa sexta-feira, mas pode-se ficar até uma semana. A demanda é tanta, que a média às sextas-feiras é chegarem quatro voos de cada capital da Europa. E, quando Linda viu um pedaço do Muro de verdade, caiu na real e me fez tirar várias fotos dela, e dos dois lados. Do lado oriental, ela fazia uma cara triste; do ocidental, a cara mais alegre que existe. Que atriz o mundo perdeu.

Berlim é verde. São dezenas, quem sabe centenas, de bosques, uns pequenos, outros enormes, e lá a ecologia faz parte da vida de todos como uma segunda natureza; ou primeira, talvez. Saímos cedo para fazer turismo a sério. E qual a maneira de conhecer, mesmo que superficialmente, uma cidade em que você vai passar seis dias, se não fizer mais ou menos o óbvio, isso quando não há aquela enxurrada de turistas? E qual era o primeiro óbvio? O portão de Brandemburgo, naturalmente, na Pariser Platz, onde foi festejada a queda do Muro.

Das dezoito antigas portas da cidade, é a única que resta. Construída antes de 1800 e praticamente destruída durante a guerra, foi mais tarde recuperada, e, depois da queda do Muro, a cidade se transformou no delírio das construtoras e no maior canteiro de obras que já existiu, um verdadeiro festival de guindastes. Berlim é plana, mas tem uma montanha, chamada de A Montanha do Diabo, de 115 metros de altura, feita apenas com os escombros das casas e edifícios que sobraram após a guerra. Não sei o nome do responsável pelo planejamento da nova Berlim, mas o que aconteceu foi, em alguns pontos, desastroso.

Logo adiante, o famoso hotel Adlon Kempinski, de onde Michael Jackson exibiu seu filho pela janela. Quem estava hospedada lá era a banda U2, e a tietagem na porta era a de sempre quando aparece uma banda de rock. Para completar, alguns falsos soldados vestidos com o uniforme da DDR (Deutsche Demokratische Republik), ou seja, da Alemanha Oriental, se deixavam fotografar com os turistas, por alguns trocados; quadro meio deprimente, na minha opinião.

Ali pertinho, mas muito pertinho mesmo, as embaixadas dos Estados Unidos, da Grã-Bretanha e da Rússia, a maior que o país tem na Europa, todas muito bem guardadas por soldados, e a americana com aquele tipo de postes baixos em torno, para se defender de ataques terroristas. Fomos, claro, ver a estátua do anjo dourado — a Siegessäule —, eternizada no filme *Asas do desejo*, de Wim Wenders.

Em Berlim, decidi ser surda e muda. Impossível entender uma só palavra, uma palavrinha só, e não tentei, em nenhum momento, pronunciar nenhuma. Emília perguntou a Linda o que ela fazia, e Linda teve dificuldade em responder, já que nem ela sabe direito; minha amiga então disse: "Já sei, você é uma Lebenskünstlerin". Sabe o que significa isso? "Artista da vida", pode ser mais poético? Linda adorou; escreveu Lebenskünstlerin num papelzinho e passou o dia tentando decorar com a pronúncia certa. Enfim ela sabia o que era, e disse que ia mandar fazer cartões de visita com a palavra escrita debaixo do seu nome — e, como ninguém vai entender, será um ótimo começo de conversa.

Passamos numa rua onde havia um brechó que, além de velhos cenários e roupas de cinema, teatro e televisão, vendia cadeiras antigas de aviões da Lufthansa; ao lado, um bom pedaço do Muro. Do lado russo, cinza e sombrio; do outro, grafitado em cores. No asfalto das ruas de Berlim foi colocada uma via de cerca de cinquenta centímetros de largura, toda de paralelepípedos, fazendo o percurso do Muro, que era de quase quarenta quilômetros. E uma amiga que estudava em Berlim quando o Muro ainda estava de pé e que fazia uns bicos para ganhar uma grana, me contou que recebia do governo 10% a mais do que ela faturava, pelo fato de morar numa cidade da qual não podia usufruir totalmente, já que esta era dividida por um muro.

NINGUÉM EM CIMA DO MURO

Estávamos em pleno verão, que em Berlim é a melhor época do ano; os dias são mais longos do que em outros lugares da Europa, porque a cidade fica mais ao norte. Os berlinenses adoram tanto o sol que, se você passar por uma rua com cafés nas calçadas, uns na sombra, outros no sol, os na sombra estarão vazios, e os ensolarados, cheios. As pessoas vão para os parques e se deitam na grama só para terem o prazer de se expor ao sol. E podem estar vestidas, de calcinha e sutiã ou nuas, tanto faz. Uma amiga foi tomar sol de biquíni e um alemão lhe perguntou: "Está com frio?". Já uma alemã entrou de maiô num lago e, quando voltou para o sol, se despiu, e com toda a razão; nada mais desagradável do que ficar com uma roupa molhada. Linda, que nunca tinha feito nenhuma experiência como nudista, achou que aquela era a hora, mas foi puxada pela orelha e levada à força para longe dali.

Na história mais recente, Berlim mudou três vezes: em 1933, com o nazismo; em 61, quando o Muro foi construído, e em 89, quando caiu o Muro. E nessa cidade não dá para nos esquecermos da guerra. Os alemães querem esquecer, mas ao mesmo tempo não querem que ninguém esqueça. Não há um dia em que algum canal de televisão não exiba um documentário sobre os horrores da guerra — todos os horrores.

Mas a Copa de 2006 maravilhou o mundo; quem quer fumar enrola seus próprios cigarros (e alguns misturam o fumo com maconha); foi inaugurada agora uma linha de metrô para turistas, que só cobre três estações; as calçadas são largas para dar lugar às bicicletas; se você der uma palmada em seu filho pode ser denunciada à polícia, e quem mora em Berlim diz que a cidade tem a melhor qualidade de vida do planeta e não quer sair de lá por nada. Segundo o prefeito, Klaus Wowereit, Berlim é pobre mas sexy. Pobre em termos, mas sexy com certeza.

Berlim tem uma mentalidade hippie; houve um tempo em que cada bairro se vestia de um jeito, mas agora tudo se misturou, e não existe nenhum tipo de ostentação. Aliás, não vi uma só pessoa com cara de rica (ou vestida como tal), e ninguém com cara de pobre (ou vestido como tal). As prioridades dos alemães são, pela ordem, o carro, as viagens, e depois o resto.

Em uma semana em Berlim, batendo pernas por todos os lugares todos os dias, não me entusiasmei por loja alguma; talvez por ser verão, e porque as pessoas mais sofisticadas estivessem viajando, não vi nenhuma mulher na rua com ar de quem se interessasse por moda. E, no dia em que deu uma aflição em Linda e ela precisava porque precisava comprar alguma coisa senão morria, percorremos as boas lojas em volta do hotel (as de sempre), Zara, Armani, uma mini-Galeries Lafayette, Max Mara, e outras tão conhecidas quanto, e não encontramos rigorosamente nada que desse vontade de ter. Nem um tênis branco que eu procurava, achei, e ainda tive que suportar os olhares de Linda e o comentário sutil, porém venenoso: "Se fosse em Paris, você encontrava".

Resolvemos fazer um passeio de bicicleta, não pedalando, claro, mas numa bicicleta que se chama rikscha e é daquele tipo que tem na Ásia; um condutor dirige e você vai atrás no bem-bom, com direito a explicações sobre o que vê (cinquenta euros a hora). Numa praça linda, a Bebelplatz, vimos algo assustador: no chão, um buraco coberto de vidro e, no fundo dele, estantes vazias. Foi lá que houve a primeira queima de livros pelos nazistas, liderada por Goebbels. Entramos no Memorial às Vítimas da Guerra e da Tirania, um espaço vazio com uma única escultura no meio, de Käthe Kollwitz, uma espécie de *Pietá* moderna, uma mãe com o filho morto no colo, muito emocionante. Não adianta: a gente fala de coisas alegres, de coisas bonitas, mas, quando vê, está falando da guerra.

Berlim é uma cidade que tem um rio, diversos canais e algumas ilhas; numa delas estão concentrados vários museus e por isso é chamada de A Ilha dos Museus. Essa ilha é linda, e os nomes dos museus são dificílimos, mas vou tentar. O Altes Museum tem no térreo uma coleção de esculturas, armas e joias da Antiguidade grega e, quando estávamos na cidade, no andar superior, guardava a coleção do Museu Egípcio, que passou para o Neues Museum, com direito ao busto de Nefertiti e tudo. O Neues Museum estava quase terminado — ficou pronto, afinal, e já está aberto e funcionando — e, além do acervo do Museu Egípcio, abriga objetos da pré-história. No Pergamonmuseum há esculturas gregas e romanas, e 6 mil anos de história, arte e cultura da Ásia, e mais o museu de arte islâmica. Ele é principalmente famoso por causa do Altar de Pérgamo e também do Portão de Ishtar, um dos portões da Babilônia de Nabucodonosor. A Alte Nationalgalerie guarda esculturas e pinturas do século XIX, e o Bode-Museum, arte bizantina do século III ao XIX, artes plásticas e esculturas da Idade Média ao século XVIII, coleção de moedas desde o século VII e uma de pinturas de mestres antigos. A Berliner Dom, também na ilha, é a catedral de Berlim, uma das mais belas da cidade, destruída durante a guerra e hoje totalmente reconstruída; tem uma acústica perfeita, e muitos concertos são realizados lá. E, entre todos os museus, um belo gramado.

Da ilha fomos para um lugar que poderia ser definido como um pequeno bairro da cidade — o Hackescher Markt, o antigo bairro judeu; seria um micro-Montmartre, felizmente não recuperado, com paredes descascadas que ainda exibem marcas de bala, vielas mínimas, becos, pátios chiques, pátios alternativos, um pequeno cinema onde tinha acabado de estrear *Tropa de elite*, restaurantes, lojinhas, jarros de plantas no chão, jarros de plantas nas sacadas, uma feira de artesanato bem charmosa — lá eu bem poderia ter comprado alguma coisa, mas estava distraída e me esqueci.

Em frente a algumas casas, uma pequena placa de metal cravada no chão com o nome do antigo morador e a menção a Auschwitz. Apesar dessas tristes lembranças, é nesse bairro que eu gostaria de morar em Berlim. Ali há um teatro de Varietés, o Chamäleon, e fomos ver o espetáculo, às sete horas. O teatro repleto e, na velha tradição do cabaré berlinense, misturando um pouco de acrobacia, circo, humor e nudez. E quem chegar atrasado tem que entrar pelo palco. Eu me diverti muito; o ingresso custou sessenta euros, e o copo de vinho, vinte. E soube que existe um teatro de verão onde só levam peças de Shakespeare e de Brecht.

Duas vezes por ano há a longa noite dos museus, que abrem suas portas, e por um preço único todos eles podem ser visitados entre dezoito horas e duas da manhã. O bilhete permite usar qualquer transporte, e há ônibus especiais que fazem rotas especiais de um museu para outro. O sucesso dessa iniciativa foi tão grande, que hoje existem as longas noites dos palácios, das sinagogas, que permitem ao público o livre — e raro — acesso à religião judaica, dos shoppings, dos döner kebab, o sanduíche turco-berlinense. O kebab é turco, mas foi criado em Berlim; agora virou alemão e é altamente popular. Trata-se de um sanduíche enorme de pão árabe, com carne, legumes, pasta de grão-de-bico, alface, cebola, enfim, uma boa refeição — e bem baratinha. Existe ainda em Berlim "o dia das portas abertas"; uma vez por ano o governo abre todas as suas portas, as empresas também podem abrir as delas para mostrar seu trabalho, há música nos pátios, e entra quem quiser. Linda ideia a ser copiada em Brasília, não?

DE UM TUDO

Em Berlim só se brinda olhando nos olhos: se for com vinho, se diz *zum Wohl* ("ao seu bem-estar"); se com cerveja, *Prost* ("tomara que seja útil"). E, apesar de não nos deixarem esquecer da guerra — em algumas esquinas se veem placas com os nomes dos campos de concentração —, há também coisas adoráveis na cidade, como uma praça chamada Lustgarten, que significa "praça do desejo, da vontade de viver". E eles reverenciam seus mortos ilustres: existe um museu Helmut Newton, dedicado a um dos maiores fotógrafos de moda que já houve, e uma rua Marlene Dietrich. O fotógrafo e a atriz estão enterrados no mesmo cemitério.

Existem também parques só para cachorros e, na entrada dos shoppings, gaiolas para guardar os cachorros enquanto seus donos fazem compras. O sistema é como o do pedágio na Europa: coloca-se num lugar determinado uma moeda cujo valor corresponde ao tempo que se vai ficar no local. Civilizadíssimo, não?

Resolvemos então fazer um chiquérrimo brunch, domingo, no hotel Adlon, o mais luxuoso da cidade. Dei uma caprichada no visual, Linda botou um salto 8 e um vestido que, se ela se descuidasse, deixava aparecer até a calcinha, mas nem adiantou; as pessoas estavam vestidas no maior à vontade. O brunch — 68 euros por cabeça — era divino, e o Adlon foi o primeiro lugar onde comi bem em Berlim.

Tinha de tudo: ostras, cinco tipos de salmão, diversas e desconhecidas variedades de camarão de todos os tamanhos, pato, carneiro, aves, ovas de salmão, dezesseis tipos de pão, doze de queijos, doze sobremesas. Sucos, inclusive de maracujá, o que em Berlim é o exótico dos exóticos, o luxo dos luxos, vinhos e champanhe; só não tinha aspargos, pois eles acabam no final de junho. Agora, a quantidade de morangos daria para pavimentar a Friedrichstrasse (uma rua enorme) do início ao fim, sem deixar um só espacinho. Um aniversário estava sendo comemorado numa das mesas, e eu soube que isso é frequente: grande parte das datas é comemorada no café da manhã, em lugares públicos.

Em matéria de produtos para alimentação, a Alemanha não dá muita escolha. No longo inverno não há praticamente legumes nem verduras (no verão também não); parece que só se veem batatas e maçãs, mais nada. Em compensação, se você for à KaDeWe, uma loja de departamentos, nem pare nos andares: vá diretamente ao sexto andar, e verá a mais rica e completa praça de alimentação que jamais viu, isso incluindo o Bon Marché, Fauchon e Hediard de Paris, o Harrods e Fortnum & Mason de Londres.

Que espetáculo: nunca tinha visto nada igual nem parecido em minha vida, produtos do mundo todo, e passaria lá o resto dos meus dias para poder ver o andar inteiro e não perder nada — e provando de tudo, é claro (menos dos alimentos orgânicos, grande mania dos alemães).

Vi coisas nessa KaDeWe que nunca imaginei que existissem; outras, eu sabia que existiam mas nunca tinha visto. Por exemplo, duas enguias enormes, que pareciam duas jiboias, nadando num tanque — isso eu preferia não ter visto. Peixes que não conhecia nem de fotos, crustáceos que também não, camarões tão grandes que pareciam lagostas, lagostas tão grandes que pareciam nem sei o quê, mas com patas imensas (na minha terra essas patas são chamadas de puãs), tudo não só para comprar e levar como também para comer sur place, em banquinhos tipo de bar.

Eu me regalei; comecei no bistrô francês com um copo de vinho branco e ostras — isso Linda comeu, mas foi só —, depois fui para onde estavam as salsichas, e provei de todas que pude: a da Baviera, a vermelha, a de sangue, com mostarda e acompanhadas de um copo de meio litro de cerveja, uma das 5 mil marcas que existem no país. (Será que eles não têm copos menores?) De lá rumei para a *pâtisserie* e experimentei vários tipos de tortas — e os alemães são bons nisso —, com bastante creme, e fui ao balcão do champanhe, onde tomei um copo para encerrar a tarde com chave de ouro. O champanhe Linda também tomou. "Quero chegar magra em Paris, e champanhe não engorda", disse ela.

Os alemães, como já contei, enrolam seus cigarros. Na tabacaria havia — e estou sendo breve — fumo com sabor de: trufas, melão, baunilha, rum e maple, abacaxi,

KAUFHAUS DES WESTENS

champanhe, diversos vinhos, manga e kir Royal. E a prateleira dos chás tinha cinco andares e media uns dez metros; você comprava o chá pronto ou fazia seu próprio blend. Mas a sensação do dia foi uma jaca; as pessoas paravam para olhar, cheiravam, ninguém sabia do que se tratava. A preciosidade custava 120 euros.

Saí de lá zonza, mais pela comida do que pela bebida. Já era fim de tarde, boa hora para uma sesta. Chegamos ao hotel, eu e Linda, e caímos duras na cama; ela, sempre misteriosa. Mas eu sabia: assim que o avião pousasse em Paris, ela ia desandar a falar, e pobre de mim. Enquanto eu tomava banho, Linda deu uns telefonemas; para quem, não sei, só sei que falou em francês; com algum namorado, provavelmente.

Naquela noite eu só queria descansar, mas o tempo era tão curto, tinha que ser aproveitado. Depois de comer tanto, ainda fomos jantar num restaurante ali perto, o Borchardt, aonde costumam ir executivos e políticos. Lá comi uma coisa que já conhecia, o wiener Schnitzel, um bife à milanesa austríaco, redondo, que devia ter uma circunferência de um metro, e vi dois homens de gravata, os únicos, mas nenhuma mulher grifada. O acompanhamento? Salada de batatas, claro. Com dois copos de vinho, 77 euros. Deixei mais que a metade no prato e fui direto para a cama. O dia tinha sido punk.

A BELA DE BERLIM

No dia seguinte saímos cedo e fomos ver — por fora — a Gedächtniskirche, uma igreja que foi bombardeada e que agora se chama Igreja da Memória, pois não a reconstruíram, deixaram os estragos à vista — a guerra, sempre a guerra. De lá fomos à rua mais chique do lado ocidental, Kurfürstendamm, onde não vi ninguém especialmente elegante, todo mundo igual a todo mundo, e depois ao FraRosa, restaurante que funciona assim: as pessoas comem e bebem, e pagam o que quiserem; já existe há quatro anos e parece que vai indo muito bem. Soube que foi recentemente copiado no Rio, mas temo pelo sucesso do empreendimento.

Ele fica numa pracinha linda, a Zionskircheplatz. Falemos sobre a decoração. Na calçada, um sofá de veludo laranja desbotado e, logo adiante, outro, estampado com fundo azul, todo rasgado; uma mesinha com duas cadeiras de praia, de alumínio, com o tecido de plástico estampado bem gritante, e duas cadeiras de plástico, cada uma de uma cor. No interior do restaurante, um bar velho, que desconfio ter sido achado no lixo, pintado de cor-de-rosa; as paredes, grafitadas, e as mesas, todas diferentes umas das outras, de fórmica; e não penso que essa decoração faria sucesso no Casa Cor.

Foi na igreja da praça em frente, cujo nome não vou escrever de novo, que se iniciaram os movimentos de protesto e resistência ao regime comunista da Alemanha Oriental, os quais culminaram com a queda do Muro. De meia em meia hora, no meio daquele verde e daquela paz, o sino da igreja toca. Demos dez euros por dois copos de vinho, e a moça que atendia ficou toda feliz.

Esse restaurante faz fronteira com Prenzlauer Berg, o bairro mais *cool* de Berlim atualmente, mas que, para quem não conhece, é igual a todos os outros. Foi lá que Emília perguntou, a um homem que estava estacionando seu carro, onde poderia encontrar uma farmácia e ouviu como resposta: "Neste bairro somos todos ricos e saudáveis". OK, não vamos discutir. Tínhamos programado ir ao museu erótico, o Beate Uhse, e à rua dos bares gays, cheia de bandeiras, mas eu estava tão cansada que dispensei. Afinal, esses filmes são sempre os mesmos.

Trümmerfrauen é como são chamadas as mulheres dos escombros — as que tiveram de recolher os destroços dos bombardeios. Grande parte dos homens morreu na guerra, e Berlim foi reconstruída sobretudo pelas mulheres. Até hoje, às vezes uma dona de casa chama um bombeiro ou um pedreiro para fazer um conserto e ele encontra, dentro da parede da casa, uma bomba, e uma bomba que às vezes explode. Não dá para esquecer da guerra.

A crise está chegando à próspera indústria da prostituição. Os clubes resolveram propor um custo fixo, com direito a bebidas, bufê e mulheres à vontade: durante o dia, setenta euros; à noite, cem. Vender o corpo é perfeitamente legal na Alemanha, e as prostitutas têm os mesmos direitos que todos os trabalhadores, inclusive em matéria de seguro social e seguro-desemprego. Elas ganham entre cem e 250 euros por dia, e, apesar da crise, se recusam a reduzir os preços, o que baixaria a qualidade do serviço e da imagem delas. E dizem que as coisas estão ficando difíceis porque os clientes não querem mais pagar pelos "extras".

Ninguém anda depressa em Berlim, ninguém parece inquieto ou nervoso. No verão os berlinenses escolhem um parque cheio de árvores e botam ali mesas e cadeiras; o lugar se transforma logo numa cervejaria de verão, e, ao chegar o outono, ela acaba por si só. Nos bosques e nas praças se veem, além dos bares espontâneos, dezenas de espetáculos e peças de teatro. Os alemães são uma mistura de hippies, punks, góticos, emos, alternativos, ecológicos, e se tem a impressão de que todos compram suas roupas nos brechós da cidade, que, aliás, são dezenas, talvez centenas. As araras ficam nas ruas, e existem desde os brechós mais chiques, de grife, até os mais bagaceiras, onde se compra por cinco euros um vestidinho que dá bem para usar no verão. Linda comprou uns dez — dos baratinhos — e uma sacola, já que na mala não caberiam. Mas uma sacola ecológica, pois em Roma como os romanos.

Numa coisa eles não mudam, homens, mulheres, crianças: entra ano, sai ano, usam as mesmas sandálias, aquelas que fecham fazendo *troc troc*, e às vezes ainda com meias. É que, quando começa o outono, eles guardam as roupas de verão até o verão seguinte, quando todas saem das malas e são usadas de novo — inclusive as sandálias. Ao saber disso, Linda disse que, se passasse um verão sem comprar pelo menos três pares, morria. As crianças alemãs são as mais bonitas do mundo, as jovens adolescentes são também belíssimas, mas acho que na idade adulta as Claudia Schiffer vão todas para Milão para ser modelos.

CASA E COMIDA PARA TODOS

Um pouquinho de política, só um pouquinho: na Alemanha, existe o *Sozialstaat* (Estado social), que visa à segurança e à justiça social para todos os seus cidadãos. Para os estrangeiros em geral, e os brasileiros em particular, o conforto proporcionado pelo modelo é inacreditável, mas para os germânicos é mais do que natural, pois o *Sozialstaat* está ancorado há décadas na mentalidade deles.

Os alemães consideram como necessidades básicas casa — se possível própria —, carro e férias. *Urlaub* são as férias de quem trabalha, e *Ferien*, as dos estudantes em geral, dos pequenos aos jovens que estão na faculdade; a pobreza começa quando não há dinheiro para viajar nas férias. Se um garoto quer estudar, o governo empresta a ele uma quantia para que possa fazer isso sem precisar trabalhar demais. O empréstimo pode ser restituído em prestações, mas só depois que o estudante se formar e tiver um emprego que lhe permita pagar, em primeiro lugar, suas contas. Se ele preferir fazer um *Ausbildung* ("estudo profissionalizante"), a ajuda é a mesma.

Quem quiser fundar uma família contará com o amparo do governo em várias áreas; nos primeiros dois anos, se o homem ou a mulher precisar se afastar do emprego para cuidar do bebê, receberá uma espécie de salário cuja base será o que ele/ela ganha por mês. Se uma mulher se tornar — por convicção ou por acidente — mãe solteira, terá apoio material do governo até conseguir trabalho e matricular a criança numa creche.

Pessoas doentes ou impossibilitadas de trabalhar por alguma deficiência física, mental ou psíquica também podem contar com o apoio governamental. Se o cidadão não tem emprego, formação escolar média ou superior, se não tem talento para o trabalho nem para uma vida regrada, receberá ajuda social e oferta de serviços eventuais por seis meses ou até um ano inteiro, ou, ainda, poderá frequentar cursos de formação profissional na área de sua preferência.

É possível, assim, em diferentes fases da vida, depender do Estado sem que isso signifique fracasso pessoal. A aspiração em geral não é depender do Estado, mas viver uma vida digna por esforço próprio, ter algum conforto material, sem necessariamente ostentar, e assegurar uma velhice financeiramente tranquila. Aliás, ostentação não existe na Alemanha.

Mas existem aqueles que vivem do Estado social, se acomodam e contentam-se com o mínimo, a cerveja e a TV nossa de cada dia. Essas pessoas sofrem um enorme preconceito e são chamadas de associais. Associais são também os cidadãos mal-educados, que falam alto demais, bebem demais ou têm muitos filhos.

Para diminuir o número de desempregados, o governo

apoia quem quer se tornar autônomo. Atores, cantores, acrobatas, palhaços de circo, ou seja, artistas em geral, podem dispor da *Künstlersozialkasse* — Caixa Social dos Artistas. Cada um inventa uma coisa para fazer, cada um exerce a criatividade à sua maneira, contando com a ajuda do governo, que financia o seguro social e a aposentadoria para artistas autônomos. Por isso, Berlim é a cidade mais moderna da Europa, e a mais procurada pelos jovens.

E há também o seguro-desemprego, pago por prazos variáveis e que pode chegar a 90% do salário anterior da pessoa. No entanto, é preciso provar que se necessita da ajuda. Existem ovelhas negras que exploram o Estado, mas são uma porcentagem mínima. E a qualquer momento qualquer um pode alegar que está doente e pedir para ir a um lugar a fim de se desestressar; é de lei. E de graça, claro.

A Alemanha cuida dos seus cidadãos desde que eles são pequenininhos, e a lei condena toda forma de violência — física, psíquica ou sexual — na educação de crianças e jovens. Se alguém vir uma mãe dando uma palmada no filho na rua, pode ir à polícia com a certeza de que providências serão tomadas.

Resumindo: com tantas facilidades, a juventude europeia está indo para a Alemanha, e quem vive em Berlim tem motivos para não temer o grande pesadelo de todo ser humano, o futuro, pois sabe que estará sempre amparado. Mas, como nada é perfeito, os moradores da cidade enfrentam oito meses de um tenebroso inverno, em que a temperatura chega a vinte ou trinta graus abaixo de zero.

Existem três bairros em Berlim onde há uma concentração enorme de estrangeiros, entre os quais muitos árabes e turcos. (Uma curiosidade: as mulheres turcas andam três passos atrás dos maridos, e os filhos, três passos atrás da mãe.) São eles: Kreuzberg, Wedding e Neukölln. O mais interessante dos três é Kreuzberg, um bairro bastante alternativo, onde convivem pessoas muito politizadas, muitos hippies, punks, bem como turcos, africanos, árabes e outros estrangeiros. Os imigrantes foram chamados para ajudar na reconstrução da cidade, e vieram, mas não quiseram ir embora. Aliás, Kreuzberg é o mais célebre, por ser o bairro em que todo Primeiro de Maio acontecem festas e manifestações políticas. Nessa data, os famosos autônomos fazem passeatas, e alguns mais radicais acabam incendiando carros e brigando com a polícia.

Nos cafés, há mantas de lã dobradas no encosto das cadeiras, pois a qualquer momento o tempo pode mudar; se mudar, os clientes logo se enrolam nelas. Berlim é a imagem da paz, mas tem sempre polícia na porta dos museus e das sinagogas.

HABITE-SE

Digamos que você queira viajar mas esteja sem dinheiro; então vai a um escritório especializado em viagens comunitárias, diz para onde quer ir e aproximadamente em que data. E digamos que alguém que tem carro e pretende ir para a cidade que você escolheu, vá ao mesmo escritório e deixe suas coordenadas. O escritório põe vocês em contato, e o dono do carro viaja com dois ou três caronas que nunca viu na vida; todos ajudam nas despesas com o combustível, as estradas ficam mais vazias, o ar, menos poluído, e pode pintar até uma amizade. Legal, não?

Por falar nisso, os alemães não gostam de passar as férias em Berlim, porque acham a cidade pouco sexy; sexy, para eles, é a Alemanha profunda, com os homens de short curtinho e as mulheres de blusinha branca bordada, tomando muita cerveja e dançando aquelas danças de roda.

Berlim não é uma cidade para visitar, é para morar. Trata-se de um lugar muito, muito especial. Infelizmente o teatro da Filarmônica de Berlim, a melhor do mundo, estava em obras, mas, em compensação, visitamos a Neue Synagoge, enorme e dourada, que foi destruída, em parte pelos nazistas, em parte pelas bombas aliadas, e reconstruída em

1988. Do lado direito da edificação, fica o memorial, local onde milhares de judeus berlinenses eram obrigados a se reunir antes de ir para os campos de concentração. No interior da sinagoga, uma área protegida por vidro abriga as ruínas do santuário, e as pedras que compõem a réplica de trinta metros do Muro das Lamentações foram todas trazidas de Israel. Atrás do memorial, há um parque que foi o mais antigo cemitério judeu. O único túmulo que resta é o do fundador da primeira escola judaica, em 1927, que até hoje é mantido sob permanente segurança.

Andamos de barco, 8,50 euros por um passeio de uma hora, fomos ao verdadeiro Checkpoint Charlie, hoje no Alliierten Museum (o que fica no cruzamento da rua Kochstrasse com a Friedrichstrasse é uma cópia), símbolo de uma cidade dividida — de um país dividido. E retornamos, como era inevitável, à guerra: bem no centro de Berlim se situa o Memorial aos Judeus Mortos na Europa (não confundir com o Museu Judaico de Berlim); é uma imensa área coberta de centenas de blocos de cimento de alturas variadas, organizados em fileiras voltadas para diferentes direções, onde as pessoas param e ficam olhando em silêncio, recordando. E um pouco adiante, onde ainda se pode ver um grande pedaço do Muro, um terreno vazio chamado a Topografia do Terror: dali, do quartel-general da Gestapo e da elite da SS, o Holocausto foi dirigido. Lá não há nada, só a lembrança — e é o bastante.

Ouvimos dizer que havia um Botequim Carioca, e para lá fomos. Aliás, a presença brasileira se faz sentir através das sandálias havaianas, da tanga e dos institutos de depilação carioca, que pululam pela cidade. Linda, que não fala inglês nem alemão, logo se animou, pois ia ter com quem conversar. O proprietário, Victor Rodrigues, está feliz; seu botequim fica numa esquina e faz muito sucesso, com brasileiros e alemães. Tomamos caipirinha feita com Pitu e adoçada com Assugrin, e ainda tinha, no menu, guaraná Antarctica, empadinhas, rissoles e pães de queijo, daqueles que você abre e sai fumaça; tem melhor, em plena Berlim? Pagamos por esse banquete 35 euros e, como ainda era dia claro — em julho é dia até as 23 horas —, pegamos um táxi e fomos visitar o maior bosque da cidade, o Grünewald, onde fica o bairro dos ricos, o Zehlendorf. As casas são bonitas, deve ser uma maravilha viver num bosque, mas a maior e mais luxuosa das casas não chega aos pés da menor e mais modesta do Jardim Europa, em São Paulo. Os alemães realmente não ostentam.

No dia seguinte, a primeira coisa que fizemos foi ir à exposição Bauhaus, no museu Martin-Gropius-Bau, construído pelo tio-avô de Walter Gropius, o fundador da Bauhaus, a mais importante escola de arquitetura, design e arte do século XX. É claro que os móveis e objetos, que agora são de domínio público, não provocam o mesmo impacto que causavam quando foram criados, mas Linda foi logo dizendo: "Quem desenhou esses móveis e cadeiras — com algumas poucas exceções — podia ter muito bom gosto, mas não tinha a menor noção de conforto; prefiro uma boa rede"; e ela não deixa de ter sua razão. Era a vanguarda, o futuro, porém muito incômodos.

Para relaxar, fomos ao Mercado das Pulgas. Linda teria comprado montes de coisas (e eu também), pois tudo era interessante e barato, mas nossas malas eram tão pequenas que saímos de lá frustradas. Nesse mercado, que só abre aos domingos, reúnem-se jovens para *chillen* ("relaxar"). Ali acontecem festas espontâneas, ou músicos improvisam um som, simplesmente; às vezes tem karaokê. Vendo o mercado e o tipo de gente que o frequenta, caiu a ficha: o povo alemão adora programas bucólicos, paisagens, lagos e bosques, onde poderia passar o dia inteiro. Se não fosse o inverno, eles comemorariam tudo ao ar livre; mas, como eles mesmos dizem: "Não existe tempo ruim, apenas roupas inadequadas". E o ar fresco é tão importante para o alemão quanto a água.

Estava anunciada em todos os postes e árvores de Berlim uma exposição de... corpos. Um professor universitário e anatomista, Gunther von Hagens, aperfeiçoou uma técnica chamada plastinação — uma forma de preservar corpos, uma espécie de mumificação. Desde 1996 ele expõe corpos plastinados sob o título *Körperwelten*, com um público considerável. Mas nem todos foram a favor: Hagens foi acusado de ferir a dignidade humana, no entanto não parou com seu trabalho. Plastinados de sua autoria foram mostrados pela primeira vez no filme *Casino Royale* (James Bond). A exposição já esteve no Brasil, e me pergunto quem se interessa por esse tipo de arte.

O estarrecedor Jüdisches Museum — Museu Judaico de Berlim — é muito mais do que se possa imaginar. Depois de atravessar um túnel de concreto, chega-se ao subsolo, um clima sombrio; paredes também de concreto e, nelas, nem uma foto, uma pintura. Andar por aqueles espaços e corredores é uma experiência que deixa marcas: é o nada total. São três eixos, o do Holocausto, o do exílio e o da continuidade. O piso, propositalmente, é um pouco inclinado para um lado, o que dá uma sensação de desorientação, desamparo. Algumas aberturas estreitas deixam passar a luz do dia, mas a arquitetura é sufocante, labirintosa, sisuda, soturna.

No fundo, uma grande e pesada porta metálica: por ela se chega à torre do Holocausto, uma sala toda de concreto, fechada, com um pé-direito de vinte metros. Lá em cima, um feixe de luz — e só. O silêncio oprime, parece que se ouve o ar, e qualquer murmúrio cria um eco fortíssimo; a sensação é de ausência, ausência de tudo o que significa vida. E não há o que murmurar, porque não há nada a dizer.

Depois de passar pelo eixo do exílio, chega-se a um jardim de concreto; são 49 colunas pequenas, quadradas, e, em cima de cada uma delas, alguma vegetação. Eu me senti como exilada, desnorteada, sem chão, sem equilíbrio. Aí já se escuta o som das ruas, e com ele vem a sensação de paz e alívio.

Na saída, o chão é coberto por um mar de rostos de ferro enferrujado, todos diferentes, todos soltos. E vem a última sensação que se experimenta no museu: dor. Mas não uma dor que dê vontade de chorar; é uma dor muito mais profunda, e poucas coisas emocionam tanto. Como já disse alguém, aquele não é um museu para se ver, e sim para se pensar. Seu arquiteto, Daniel Liebeskind, é quem está fazendo a reconstrução do World Trade Center, em Nova York.

Dali fomos visitar, ao lado do museu, a exposição permanente de objetos pertencentes a judeus que estiveram em campos de concentração: embrulhos amarrotados que foram entregues a parentes que tinham conseguido escapar, objetos pessoais e fotos das famílias, quase todas iguais, com o pai e a mãe sentados e os filhos em volta, uma desolação. Não foi uma tarde fácil.

COMENDO NO ESCURO

Fomos tomar uma cerveja, mas não tínhamos nada para falar, diante do que acabáramos de ver. E lá teríamos ficado, mudas, por horas, se Emília, nosso anjo da guarda de todos os momentos, não tivesse nos tirado daquele estado deplorável dizendo: "Que tal irmos à praia?". Praia? Praia em Berlim? Topamos, mais para sair daquele clima do que por qualquer outra razão.

Tomamos um táxi e descemos em frente a um canal; é lá o BundesPresseStrand; para facilitar, os alemães juntam as palavras: *bundes* quer dizer "federal", *Presse*, "imprensa", e *Strand*, "praia". Como vocês perceberam, trata-se da praia da imprensa federal, considerada a melhor de Berlim. Vamos a ela.

Num terreno de uns cinquenta metros de frente, uma ponte de bambu nos leva à "praia", com um deck de cada lado e duas áreas de cerca de 20 m × 20 m cobertas de areia. Outro deck leva ao restaurante, onde há enormes sofás de veludo — sim, veludo — laranja, pufes grandes, mesas rústicas com bancos, e um bar todo pintado com temas tropicais, isto é, moças de biquíni, praias, mar, homens morenos de bigode, palmeiras.

Na praia, digamos assim, vários coqueiros artificiais cheios de cocos; imensos lustres de palha imitando os de cristal; duas piscinas, cada uma pouco maior que uma mesa de pingue-pongue, com um repuxo no meio, e, para completar, bananeiras, muitas bananeiras, com muitos cachos. Claro que mulheres de botas descombinavam perfeitamente com o ambiente.

Não vou comentar sobre a melhor praia de Berlim, mas juro que já vi melhores. Linda é que não deixou barato: "Entre a praia de Berlim e a de Paris, na margem do Sena, fico com o piscinão de Ramos". Demos a primeira risada do dia.

Como ainda era cedo, decidimos ir a um restaurante chamado Dunkelrestaurant Unsicht-Bar ("restaurante invisível no escuro"). Sabíamos que se tratava de algo diferente, mas não nos disseram exatamente no quê. Chegamos a uma ruazinha simpática e entramos num bar tipo moderno, onde pedimos um drinque. Dali a pouco veio a garçonete com o menu, que só tinha três opções: aves, peixes ou carnes. Cada uma fez a sua escolha, mas botei o olho para ver o nome dos pratos: Aquatic friends making love on a bed of flowers, ou Arieles little friends has fled from his prison and jump into the heart of Italy, ou The fall off man in asian superfruit meets a germain tradition. Lembrei do Chacrinha: ninguém estava lá para explicar, e sim para confundir.

Uns dez minutos depois, a garçonete trouxe uma mulher já madura, cega (todas as garçonetes do restaurante eram cegas), com uma voz fortíssima, quase masculina, e que só falava alemão; disse que se chamava Ânguela (e ponha força no Â*n*guela) e que nos levaria à mesa. E, estranhamente, nos instruiu a segurarmos nos seus ombros, depois nos ombros da que estivesse atrás dela, e assim por diante, como um trenzinho. Antes, ela quis saber se alguma de nós estava usando relógio com ponteiros fosforescentes. Não entendemos a pergunta, mas dissemos que não; obedecemos — quem ousaria desobedecer a Ânguela? — e fomos andando, uma com as mãos nos ombros da outra, como quatro idiotas.

Linda disse no meu ouvido que estava morrendo de medo de Ânguela, que não queria ficar perto dela. Num determinado momento, Ânguela anunciou que não encontraríamos nenhum obstáculo e nenhum degrau. Continuamos andando, viramos à esquerda, foi escurecendo, viramos à direita, e escureceu totalmente. Não sabíamos onde estávamos, e Ânguela era nosso único guia.

Aí ela parou, pegou minhas mãos e me fez passá-las numa cadeira, para que eu entendesse que era uma cadeira, e me fez sentar. Fez a mesma coisa com Emília e com Linda — que deu um grito —, explicou que o garfo estava à esquerda, a faca, à direita, disse que logo seríamos servidas e que, se precisássemos de alguma coisa, era só gritar "Ânguela" bem forte.

E ficamos, as três, no escuro mais escuro que já vi na minha vida, atônitas, estarrecidas, sem saber o que dizer e, naturalmente, sem poder fazer nada. Inventamos umas histórias de infância, para não falar do que estava acontecendo, e uns dez minutos depois apareceu Ânguela avisando que ia servir, que tirássemos as mãos da mesa.

Dali a pouco cada uma tinha um prato na frente, com uma comida não identificável; na sala, havia pessoas que pareciam estar se divertindo muito, rindo às gargalhadas, me pergunto de quê.

Depois veio uma sobremesa, e, para conseguir acertar com a colher, tivemos que usar os dedos; uma lambança, eu diria. O clima foi de terror, já que não víamos o que estávamos comendo, e ver o que se está comendo é fundamental. Quando terminamos, gritamos bem alto: "Ânguela!", e lá veio ela nos tirar daquele buraco negro. É estranho, mas a saída foi muito pior do que a chegada: deu um medo horrível. Refizemos o trenzinho, e não dá para descrever a sensação de alívio quando começamos a ver a luz, até porque eram dez da noite e o dia ainda estava claro. Linda disse que achou que a estavam levando para uma prisão, e que nunca mais entraria num lugar escuro, nem em Berlim nem em nenhuma parte do mundo.

À NOITE, VALE TUDO

Mas faltava a noite de Berlim, a famosa noite de Berlim, que começava tardíssimo e acabava, em certos lugares, dois dias depois. Eu não seria capaz de encarar, Emília também não; então como fazer? Estava sem saber, e quem me salvou? Linda Imaculada, é claro. Ela disse que estava exausta de dormir cedo e sugeriu que Emília a apresentasse a alguém da "naite"; afinal, depois de 22 anos vivendo na cidade, ela devia ter uma amiga festeira, que conhecesse tudo, e poderiam sair as duas juntas.

Emília lembrou de Marie, uma brasileira que sai todas as noites, e que achou ótimo carregar Linda com ela, mas alertou: "Vê lá como ela vai vestida, porque, se fizer a linha elegantezinha, não vai entrar em lugar nenhum". Linda foi correndo comprar uma roupa num brechó, uma peruca e um sapato salto 12.

Combinamos nos encontrar às onze e meia de sexta-feira no bar do hotel para apresentá-las, pois, segundo Marie, nada acontece antes da meia-noite numa cidade que se preze; elas logo se deram muito bem, tomaram duas cervejas cada, viraram amigas de infância e saíram animadíssimas, enquanto eu e Emília nos recolhemos.

Fomos avisadas de que elas não teriam nem hora nem dia para chegar, aviso mais do que supérfluo. É preciso dizer que Marie é DJ, portanto para ela a qualidade do som conta muito.

Na manhã de sábado, vi Linda dormindo por umas horas, e depois só a vi na noite de domingo, quando começou a falar sem parar; exausta, mas excitadíssima, disse que nunca tinha visto nada igual na vida — e contou.

Primeiro foram ao Berghain, que é o paraíso; foi eleito pela revista inglesa *DJ Mag* o melhor clube do mundo, e tem várias coisas interessantes: o prédio é imenso, uma antiga usina termoelétrica da Berlim Oriental. Há uma pista grande, chamada o caldeirão, e uma menor, no andar de cima, o Panorama Bar, onde ainda se podem ver megadisjuntores e fusíveis; segundo Marie, a qualidade do som é inacreditável; são caixas enormes cujos baixos vão direto ao estômago. O som é alto, poderoso, jamais distorcido, cristalino, e mesmo assim você consegue conversar na pista. O local parece o cenário de um filme de Leni Riefenstahl, todo em concreto e aço, sombrio.

Linda morreu de medo de ser barrada, porque o controle da porta é severo. Patricinhas e mauricinhos não entram mesmo, assim como quem vai muito bem-vestidinho, caretinha demais. Os seguranças têm faro para gente babaca ou que pensam que não vai ter a ver com o lugar, mas Linda caprichou no figurino, e acertou: o clube ainda não estava cheio, porém as pessoas pareciam interessantes, com jeito de quem não se assusta nem se embasbaca com nada. Linda achou que tinha sido paquerada por um homem divino, mas logo o viu dançando com outro homem; ela demorou a entender o espírito da coisa, que era um pouco o de "Vale tudo", de Tim Maia, só que valia dançar homem com homem e mulher com mulher.

Para se refazer das emoções e retocar a maquiagem, ela foi ao banheiro, mas quase desmaiou quando viu que lá não existem espelhos. Como viver sem espelhos, se as paredes da casa dela são quase todas forradas com eles? A ideia é: "Se joga! Esquece a vaidade". Linda bem que tentou, mas sem espelho?

Se pudesse, Linda teria tirado várias fotinhos dos personagens estranhos que viu por lá, mas no Berghain câmeras nem entram, são logo confiscadas na entrada e devolvidas na saída. É a proteção de privacidade, pois ali podem acontecer — e acontecem — coisas impublicáveis. Klaus Wowereit, o prefeito, gay assumido e casadíssimo, já foi visto e aplaudido lá dentro. Como era muito cedo — duas da manhã —, a animação ainda não havia começado, e as meninas resolveram ir ver o que rolava nos outros clubes, mas com a intenção de voltar.

Vamos combinar: a noite em Berlim, pelo que me contou Linda, é basicamente gay, ou melhor, *queer*, que é como eles falam; mas tão diversificada, que tudo pode acontecer, até mesmo você encontrar uma boate hétero. Na véspera, Marie tinha ido ao Chantal's House of Shame — como diz o nome, um lugar para perder a vergonha e se soltar, que acontece sempre às quintas — e disse que viu duas bichinhas magrelas se arrastando nuas pelo chão, e ninguém se importa. Ela então propôs irem a uma festa breeeeeeeega até não poder mais, na Haus B;

bem bagaceira, à velha moda onde bichinha é bichinha e sapatão é sapatão, o que não causou grandes emoções.

Como o preço da entrada dos clubes nunca passa de doze euros, a dupla teve tempo — e $$$ — de sobra para conhecer a noite. Linda quis entender o que existe de tão especial na noite de Berlim, e Marie explicou que lá as pessoas podem ser o que elas são, que as opções são infinitas, há muita diversidade e para todos os gostos. Linda não parava de perguntar: por que um clube que não é gay, como o Berghain, é o preferido dos gays e tem um *dark room* frequentadíssimo? Marie se limitou a responder: "Isso é Berlim, e por isso é interessante". E acrescentou, a título de informação, que havia dois anos a cidade tinha, oficialmente, duzentos clubes noturnos. Tem melhor?

Dali as duas foram para o Freitagsbar, lugar esquisitíssimo. Como pode um bar-clube só abrir às sextas? Tratava-se de um buraco berlinense, buraco ilegal, aliás, numa rua pacatinha e escura chamada Mulackstrasse. O único movimento era o dos perdidos procurando o tal bar, e foi assim: primeiro elas entraram num jardim, ou melhor, um terreno coberto de mato, e depois chegaram a um prédio antigo, semivazio e caidaço. No fundo, velas no chão sinalizavam a entrada do buraco, quer dizer, o portão. Elas desceram por uma estreitíssima, ingremíssima escada escurérrima, tateando para não cair; no final dela, um sujeito com cara de cucaracha cobrava um euro de entrada, socorro.

Lá dentro você encontrava o mundo, e o lugar estava socado de gente. Era como se toda a galera *cool*, descolada e ao mesmo tempo "esculhambation-style" do planeta estivesse reunida ali, impressionante. Linda chocou.

O tal do Freitagsbar era tipo um emaranhado de pequenas salas interligadas por corredorezinhos, com paredes de tijolos aparentes e teto baixíssimo, ou seja, não dava para dançar pulando — mas todo mundo pulava. Para ficar mais à vontade, Linda e Marie resolveram deixar os casacos na chapelaria, onde eram simplesmente jogados no chão, uns em cima dos outros. O fato é que, na saída, os delas foram achados, sem muita dificuldade.

O som da pista correspondia à multiplicidade étnica da galera. Informações de Marie: world music? que termo careta! Era electro francês, drum'n'bass indiano, reggae made in Angola, rock argentino e... Chico Science & Nação Zumbi. Linda e Marie se esbaldaram, e acabaram com vários galos na cabeça. Foi a última noite do Freitagsbar, pois a polícia fechou o bar no dia seguinte.

Marie contou a Linda que toda sexta-feira tem a festa Lab.Oratory na Alte Kantine do Berghain, para homens — só homens, pois não é permitida a entrada de mulheres — que querem literalmente transar na boate; o povo chega, tira a roupa se quiser, e manda brasa sem repressão nenhuma, mas ninguém é obrigado a fazer nada; pode ficar só olhando ou, se preferir, se masturbando. Linda, metida a moderna, disse que teria gostado de dar uma passada lá, mas eu a conheço bem e acho que ela não ia segurar a barra.

Minha amiga tem horror de passar por careta, mas, no fundo, no fundo, bem que é. E nessa noite ela compreendeu, ajudada por Marie, que é por tudo isso que a noite de Berlim é chamada de selvagem, e o que acontece de diferente é que na cidade rola o que está na ponta das novas tendências da música eletrônica, e a maioria dos principais DJs é de lá. E a mistura de pessoas é incrível, ninguém está aí pra nada, ninguém tem medo de ser feliz. E, segundo Marie, o techno é o funk carioca dos berlinenses.

PERDIDAS NA NOITE

A noite era uma criança — e elas ainda estavam no início. Marie disse que Linda não podia deixar de ir ao SO36, o clube mais tradicional do underground berlinense, lendário, pois já existe há trinta anos. O clube, um antigo cinemão, fica no Kreuzberg, o bairro carinhosamente chamado de Pequena Istambul, e nele turco-descendentes, punks e a comunidade GLBT — gays, lésbicas, bissexuais e transgêneros — convivem pacificamente. As noites do SO36 são as mais variadas possíveis. Shows de punk e hard-core, bingo, mercado das pulgas, sebo de discos, festas de reggae e até um *tea-dance* gay aos domingos, onde se dança coladinho ao som dos mais bregas *hits* da música pop e de Schlager. "Ah, o Schlager", Marie explicou, "para entendê-lo, é só imaginar Odair José cantando em alemão."

Quando Linda olhou para a pista lotada, viu gays, lésbicas, bis e trans de inúmeras nacionalidades. As pessoas em êxtase, desde a menininha árabe de saia rodada cheia de moedinhas *fake*, botas militares e xador, até o rapaz turco com correntinha de pingente de espada turca que levantava a camisa e mostrava o corpo malhado. Ferveu, e qual a surpresa quando tocou Solange Tô Aberta!, que faz funk carioca! Foi o que bastou para a casa ir abaixo, mesmo que ninguém entendesse as letras. Não adianta, ninguém resiste ao funk, nem em Berlim. Linda dançando funk? Pois ela dançou e se acabou.

E, no calor do relato, Linda me pediu quase de joelhos que voltasse com ela a Berlim para a noite mensal gay-lésbica-oriental no SO36, a Gayhane. É a essa festa que vai a comunidade gay turca e árabe em peso, e se requebra ao som de oriental-pop/house/electro; ainda por cima, há go-go boys ou girls que dançam a dança do ventre. A seleção na porta é séria, pois eles não querem problemas tipo o irmão mais velho da sapinha turca indo catá-la à força para depois desmoralizá-la diante da família, mas Linda só pensava em ver os machões turcos e árabes, talvez de bigodes, dançando a dança do ventre; ah, isso ela não ia perder por nada.

Depois a dupla foi ao Roses, bar colado ao SO36. O teto do Roses é forrado de plush rosa-shocking, e a decoração é brego-barroca, repleta de imagens coloridas de santos, bonecos com sexo inflável, luminárias cujas cores mudam a um toque dos dedos, milhões de adereços brilhantes, cadeiras Luís XV, e não é preciso nem beber para se sentir totalmente alcoolizado, o que não quer dizer que as duas não tenham bebido.

Cinco da manhã, e o bar abarrotado de bichinhas, turistas, gente que tinha vindo do SO36, e um grupo de turcos e árabes héteros cuja única função é vender maconha e quiçá outras coisas, e cuja única diversão é ficar largado, de pernas abertas, vendo a loucura que se passa naquele salão. A bartender mais famosa do lugar, uma gorda saída de um filme de Fellini, naquela noite usava uma blusa de filó azul-claro, de mangas compridas, deixando à mostra os seios imensos furados com piercings.

Você sempre vai conhecer alguém no Roses, e sempre vai poder sair dali com alguém, é de praxe. O povo se joga na pista, todo mundo canta junto, com os braços para cima, a partir das cinco da manhã ninguém responde por seus atos, e aí, já viu. Marie percebeu que era hora de levar Linda embora, antes que ela desaparecesse para sempre.

Se Linda queria conhecer mesmo a noite de Berlim, não podia deixar de ir ao Rote Rose, que é um verdadeiro fecha-nunca, ponto de encontro de todos os perdidos na noite de todas as cores, todos os bolsos, todas as tribos, todas as idades — depois dos dezoito, é claro. Segundo Marie, o lugar mais sórdido da cidade, o que significa que a sordidez não deve ser pouca. O som vem de uma jukebox que parou no tempo faz uns dez anos, o carpete é velho, há um jogo de dardos eletrônicos e uns caça-níqueis para os otários perderem dinheiro. O Rote Rose fica na rua mais bagaceira de Berlim, e a cerveja custa 1,50 euro a caneca de meio litro.

Ali você encontra, tomando suas últimas ou as suas primeiras: faxineiras, estudantes, drag queens, intelectuais, traficantes, putas e putos, senhores de família, empresários engravatados, cubanos exilados, músicos ciganos, enfim, uma fauna mais rica que a amazônica. A misturada é o verdadeiro teatro do absurdo.

Exaustas, as meninas abandonaram o Rote Rose e foram tomar o café da manhã na padaria turca da esquina; lembro que ainda era a manhã de sábado e que a "noite" só terminaria no domingo à tarde — e, em alguns lugares, na segunda de manhã. Linda estava uma ruína, e propôs a Marie uma trégua: três horas de sono. Marie topou, e marcaram às dez da manhã na portaria do hotel, para continuarem a "noite". Encontraram-se pontualmente, tomaram outro café da manhã, bem mais luxuoso que o da padaria turca, e lá se foram para o KitKatClub.

Famoso no mundo inteiro, o KitKat é dedicado à sensualidade e à sexualidade. Não é um clube de swing, mas um lugar aonde se vai para dançar, e eventualmente transar. As duas estavam apreensivas, sem saber se iam passar pelo crivo cruel da porta, mas deram o seu melhor; Marie de calça de couro e camisa de sargento de polícia americano, e Linda de minissaia de látex e blusa vermelho sangue de lurex. Passaram normalissimamente, e a simpática *hostess* ofereceu cabides caso quisessem se despir logo. As moças, muito finas, não aceitaram.

Quando chegaram à pista principal, Marie não acreditou no que viu; se aquele era o célebre KitKat, estava em franca decadência. A música era pavorosa, estudantes de piercing no umbigo dançavam de cueca, e louras com a cara amarela resultante de bronzeamento artificial dançavam com os peitos de fora ao lado de quarentões que nunca malharam, e foi aí que Marie deu um grito. Ela reconheceu um homem de uns sessenta anos que tinha visto na fila da bilheteria de um cinema — lá estava ele, na pista, nu em pelo, cabelos longos e um barbante amarrado na cintura. Foi demais, até para Marie.

Logo a música parou, e teve início o show erótico no palco, entre sofás e uma cama de casal. Um homem e uma mulher seminus começaram a brincar de amarra aqui, solta ali, poses indizíveis, mas tudo muito chato. Depois de exaustivos quarenta minutos, duas mulheres do público adentraram o palco e foram fazer sexo num dos sofás, enquanto um sujeito se dirigiu à cama e lá ficou, olhando e se masturbando. Ninguém merece. Linda e Marie saíram lamentando não terem dormido mais uma hora; entediadas, pensavam: o que é que ainda pode nos chocar hoje em dia?

E foram para o Maria am Ostbahnhof, um dos clubes mais badalados da cidade, não só por suas festas de música eletrônica, aonde vão tocar os melhores DJs do mundo, mas também por seus shows e festivais. Marie contou que meses antes os paulistanos da Cansei de Ser Sexy, badaladíssimos em Berlim e conhecidos como CSS, se apresentaram no Maria.

O Maria é enorme, devem caber umas mil pessoas lá dentro, e tem também o Josef — a pista adjacente à principal. Maria e Josef... só faltava Jesus. Marie contou que, no dia em que ela viu a CSS, a casa estava lotada de jovens de no máximo trinta anos, todos no melhor estilo moda — ou antimoda. Marie sabia que a CSS fazia sucesso na Europa, mas não sabia quanto. De repente, ela ouviu o Olodum saindo das caixas de som. Não acreditou. Era muuuuuita ironia, porque, afinal, a CSS é uma banda de electro-rock vinda da Pauliceia Desvairada; como assim, gostando do Olodum? Vai ver, quiseram dizer que o Brasil é definitivamente muito maior que axé music ou samba, estilos que os gringos identificam como os "típicos brasileiros".

No momento em que a banda entrou no palco, foi uma euforia geral, parecia show dos Beatles. A moçada pulava e cantava junto todas as letras, todas. Impressionante. Quando Lovefoxxx, a vocalista, disse que jogaria um grampo de cabelo para a plateia, as pessoas simplesmente se descabelaram para consegui-lo. Os meninos estão realmente brincando de pop stars. A história do grampo — um grampo disputado? — foi de rolar de rir, porque o público levou a sério. Sério! E, se umas bandas estrangeiras mixurucas podem fazer sucesso em São Paulo, por que uma banda antenada brasileira como a CSS não pode lotar um megaclube europeu? Pode. Quem pode, pode.

Do Maria, a dupla foi ao Bar 25, ao lado do rio Spree. O 25 é queridíssimo pelos berlinenses e pelos turistas antenados. A música é sempre boa, mas o principal é o visual. É um bar-praia, com areia e tudo. Bares-praia estão muito na moda no verão de Berlim, e esse é cheio de atrações; um pequeno parque de diversões para adultos. Tem cinema ao ar livre, lounge psicodélico, cavalinho de shopping center, máquina automática de fotos, balanços nas árvores, e um restaurante excelente, que pena que eu não conheci. Entrada baratinha — seis euros —, não é à toa que as filas são homéricas.

As meninas entraram na fila do 25, mas a impressão era de que ela não se mexia. Os rapazes que estavam na frente disseram que fazia uma hora e meia que não andavam nem um centímetro, ah, não. Tudo bem que aquele era o último verão do 25, mas fila, nem pensar.

E lá foram elas para o Watergate, onde estão a badalação e o "biutiful pipol" berlinense. A essa altura já estavam mortas, mas queriam porque queriam dançar, e pronto. O Watergate também se localiza à beira do Spree, e o visual é lindo, deslumbrante. A pista principal do clube fica acima das águas, os janelões vão de alto a baixo, e a pista inferior dá direto para a correnteza do rio. A iluminação é primorosa, as luzes cobrem o teto em ondas paralelas e se movem no ritmo das batidas da música eletrônica. Um escândalo, de tão maravilhoso.

Mais uma vez a fila, a eterna fila. O Watergate também é famoso por causa de suas filas. Mesmo quando o clube está vazio e não há motivo para que a fila não ande, eles dão uma de gostosos e te fazem esperar por charme, porque aparentemente é chique. Decididas a entrar, elas esperaram, esperaram, passaram pela revista de costume e foram paradas — ou melhor, barradas — pelo *door-man*, que simplesmente olhou para a cara delas e disse que ali elas não entrariam.

Como assim, não entrariam? Sujeitinho mais ordinário, o *door-man* magrela, óculos de John Lennon, malvestido, mal-amado, se achando o deusinho da "naite"? Nunca, jamais Marie tinha sido barrada na porta de nenhum clube, e agora ia ser barrada por aquele tipinho na porta de um clube que ela, aliás, já conhecia? Ela perguntou por quê, e ele disse que não faziam o perfil do local. Hein? Aí Marie resolveu dar uma olhada nas pessoas atrás.

É, Berlim mudou mesmo, e foi invadida pelos filhinhos de papai do sul da Alemanha. Era um show de moda careta, rapazes de camisa polo e calças bem passadas, meninas maquiadérrimas, afetadas e brilhosas. Nossa, foi aí que ela se deu conta de que estava tentando entrar na versão berlinense das discotecas dos riquinhos paulistanos e cariocas. OK, agora era Marie que fazia questão de ser barrada. E ela disse a Linda: "Vamos ao Club der Visionäre. Lá não tem fila, nem se paga entrada".

O Visionäre é um bar-clube que também fica à beira d'água; parece um bar flutuante, e uma parte é mesmo. Todo em madeira, abre à tarde e não tem hora para fechar. De dia os salgueiros fazem sombra, e à noite o lugar é iluminado por tochas. Os frequentadores são definitivamente internacionais: ouve-se tudo que é língua, se duvidar até aramaico, menos alemão. O público parece que faz um concurso não dito para ver quem é mais *cool*, mais diferentão, quem usa os adereços mais exóticos. E tem quem use óculos de vovó sem lente, vê se pode.

O clube estava lotado — aliás, que clube não estava lotado naquela noite? A dupla entrou direto, a música estava baixinha, e na pista de dança não cabia nem uma mosca.

O cansaço e um certo tédio estavam chegando nas meninas, naquela babel inacreditável, quando aconteceu o que todo mundo sempre teme no Visionäre: alguém se desequilibrou e caiu — ui! — naquela água sujinha; e o coitado nem sabia nadar! Cai um para salvá-lo mas não consegue. Cai outro, também nada. O pânico se alastra, e aí foi um mergulho em massa, uns querendo salvar os outros; tanto estilo, tantas caras e bocas, tantos óculos da vovó foram parar naquelas águas. Foi tragicômico, talvez mais cômico do que trágico, pois, afinal, o caso acabou sem mortos nem feridos. Quando o primeiro afogado chegou em terra firme, teve até torcida gritando. Deram-lhe logo uma vodca dupla, e dali a cinco minutos ele estava na pista, a mil. O DJ botou o volume no máximo para comemorar, e vivam os heróis da noite berlinense.

Depois dessa maratona disco-to-disco, Linda e Marie também estavam se sentindo duas heroínas, e foram comemorar tomando uma vodca no bar do hotel; era a hora da despedida, não se veriam mais. Abraçaram-se com lágrimas nos olhos e juras de amor eterno, Linda jurando que ia voltar, Marie jurando que ia procurá-la no lugar onde ela estivesse, e que os e-mails seriam diários.

Eram quatro e meia da madrugada de domingo.

AUF WIEDERSEHEN

Bem, era nossa última noite, e Linda, que se encarregou de marcar as passagens, deu a trágica notícia: o avião sairia às 7h05 da manhã, o que significava que teríamos que acordar às quatro e meia — ninguém merece. Quando eu quis saber por que tão cedo, ela respondeu que era para aproveitar o dia em Paris. Claro: como é que eu não tinha pensado nisso antes?

Às quatro horas Linda já estava de banho tomado, vestida, e me apressando. No táxi para o aeroporto ela foi cantarolando, e no avião fez questão de ir na janelinha, para não perder nada da viagem — e não dormiu nem um minuto. Quando anunciaram a aterrissagem no Charles de Gaulle, ela já estava maquiada e com a cara mais feliz do mundo.

Íamos passar dois dias em Paris, e eu também estava radiante. E desde quando chegar a Paris não é a melhor coisa que existe? Fomos para o nosso hotel, o de sempre, em Saint-Germain, onde ficaríamos em quartos separados. Ótimo, porque Linda, apesar de adorável, às vezes fala demais. Combinamos nos encontrar dali a uma hora no Chez Paul para tomar um chocolate com creme e comer todos os croissants que desse vontade. No primeiro dia é sempre assim: liberdade gastronômica total.

Quando comecei a falar sobre Berlim, escrevi que essa é uma cidade para morar, não para visitar. Mas, à medida que fui lembrando, no avião, mudei de ideia, tanto que pretendo voltar assim que puder, para ver as coisas que não vi. O busto da bela rainha Nefertiti, por exemplo; tem sentido eu não tê-la visto porque a reconstrução do Neues Museum ainda não tinha terminado? Na minha volta, vou unir o útil ao agradável: vou ver tudo o que faltou ver desta vez, e ao mesmo tempo não vou comer nada, só beber água, o que, aliás, não será sacrifício algum. Quando Linda soube, foi logo dizendo: "Mas eu só vou se Marie estiver lá; senão, te espero em Paris, tá?".

LONDRES

Pith Helmet

Mistral

Oscuro Calf Suede

Pewter M

Town Shell High Crown

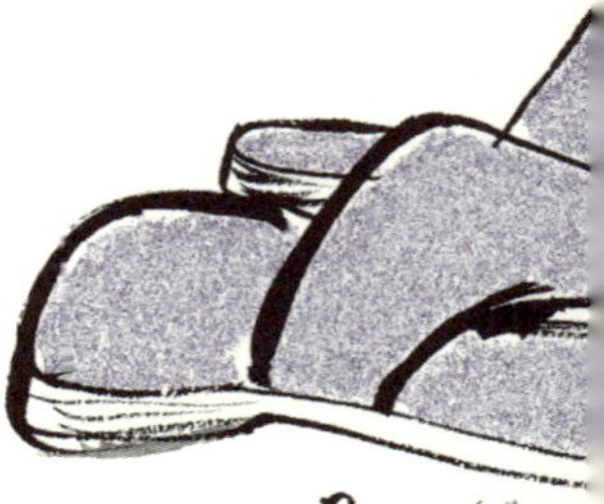

Rapallo

Louisiana

Helmet & goggles

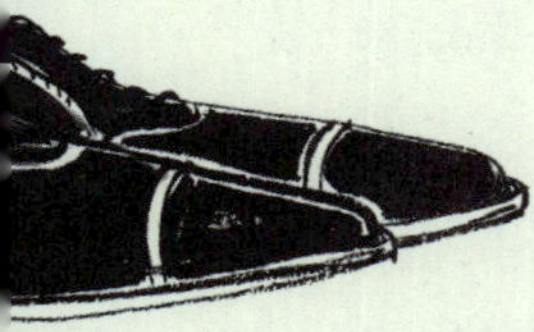

alf

Tudor

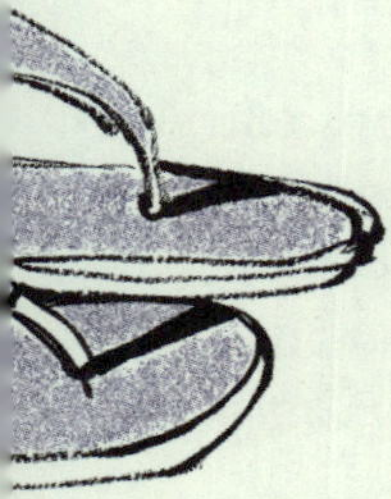

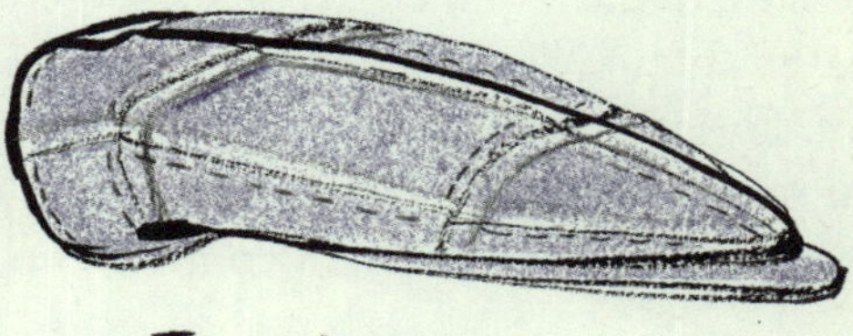

Turnberry

UM POUQUINHO DE PARIS

Estava tudo combinado: dois dias em Paris e depois Londres, pelo Eurostar. E uma informação sobre esse trem: ele sai de Paris, da Gare du Nord, de onde saem também dezenas de trens para diversos destinos na França, já viu a confusão. E chegava a Londres em Waterloo, outra grande confusão, pelos mesmos motivos. Pois os ingleses construíram uma nova estação, St. Pancras, para atender ao Eurostar. Além da calma e do conforto total, isso encurtou a viagem em vinte minutos, tem melhor?

Nós duas estávamos excitadíssimas por todas as razões, e, quando nos encontramos para tomar nosso chocolate com bastante creme, comer nossos vinte e cinco croissants e combinar nossa programação, Linda disse que precisava falar comigo seriamente e pediu que não a repreendesse. Fiz todas as juras, claro, e ela começou a contar, bem aos pouquinhos.

Eu lembrava que ela havia estado em Paris uns oito meses antes? Não lembrava muito bem, mas disse que sim. Pois nessa viagem ela foi à Hermès para encomendar uma bolsa Birkin cor de laranja mas não conseguiu, já que um vendedor antipático informou que isso só poderia ser feito se Linda fosse recomendada por uma cliente da loja. Ela quase se desesperou, porém, quando quer uma coisa, é como criança: quer porque quer, porque quer. Pensou, ligou para um amigo francês bem relacionado, esse amigo disse que tinha uma amiga que era amiga de uma moça que trabalhava na Hermès, e a bolsa foi finalmente encomendada. Preço: 5640 euros.

Aquilo me irritou demais, esqueci todas as minhas juras de não repreendê-la e fui logo dizendo: "Linda, você é louca; não tem dinheiro para essas extravagâncias, e, mesmo que tivesse, ter uma Birkin nos dias de hoje não pode ser mais brega; ligue para sua amiga e pergunte se não dá para cancelar a encomenda, qualquer coisa, mas nem pensar em pagar esse preço por uma bolsa que está ficando tão banal quanto uma Vuitton". Linda fez cara de coitada e disse que tinha entrado numa fila — francamente! — para comprar a bolsa, que a tal amiga que trabalhava na Hermès tinha conseguido que ela furasse a fila, que agora a bolsa estava pronta (daí os telefonemas misteriosos de Berlim), que era seu sonho de consumo, que sem ela não poderia viver, e que iria buscá-la naquele dia mesmo.

Fiz tudo, tudo o que pude, para Linda desistir, mas não houve hipótese; assim, fomos direto para a loja do Faubourg Saint-Honoré. A bolsa realmente era linda, apesar de um pouco pesada; cor de casca de tangerina bem madura, continha um cartãozinho dizendo que aquela cor não tolerava nenhum líquido, por isso vinham junto duas capas de plástico transparentes, exatamente no tamanho e na forma da bolsa, para o caso de alguma gota de chuva cair sobre a preciosidade. Em matéria de frescura, nunca vi maior. Linda puxou do cartão de crédito e assinou com a cara mais feliz deste mundo. Era muito dinheiro, mas dizem que mais vale um gosto do que seis vinténs; só que não eram seis vinténs, eram 5640 euros!

Bem, já estava feito; é claro que Linda saiu da loja com a Birkin no braço, e, como declarou que não ia mais comer porque tinha estourado suas finanças, achei que devia convidá-la para almoçar num lugar digno da bolsa. Fomos ao Benoit, um dos melhores bistrôs de Paris, e nos regalamos com umas costeletas de carneiro inesquecíveis e, de sobremesa, framboesas com creme. Para completar, a moça da mesa ao lado estava com uma bolsa igual à de Linda, só que de um azul um pouco desbotado. Linda não deixou barato: botou a dela num lugar em que pudesse ser vista o tempo todo, e a moça não parou de olhar — e dava para perceber que o almoço tinha perdido a graça para ela.

Saímos dali e fomos comprar a encomenda de uma amiga querida: um passarinho empalhado, na Deyrolle, no 46, Rue du Bac. Quem quiser pode também comprar uma girafa ou um urso, pois na loja tem, e foi lá que ouvi uma história estranhíssima: que existe uma borboleta que só aparece três ou quatro dias antes de acontecer uma grande desgraça no mundo: a morte de um papa, ou uma guerra, por exemplo. Em seguida ela some de novo, e tem até nome: Isabela.

Linda não largava a bolsa nem um minuto, e acho que até dormia com ela. Foram dois dias da mais feliz lua de mel de que se tem notícia, e do que ela mais gostava era quando passava uma mulher e olhava para a bolsa. Não pelo modelo, que é um clássico há anos, mas pela ousadia da cor. Passeamos, comemos *croque-monsieur* no Flore, gigô frio com salada e vinho rosé na Lipp, tivemos o prazer de ver, no menu dos restaurantes, o preço anterior riscado, e o preço novo — mais baixo, desde que o governo reduziu um imposto. Compramos (eu comprei) umas bobagens — estava tudo em liquidação, com descontos de 50% a 70% —, enfim, não saímos do *quartier*, e chegou o dia de ir para Londres.

Era a primeira vez que íamos viajar no Eurostar (260 euros ida e volta, na primeira classe), e estávamos animadíssimas. Fizemos uma viagem de sonho — eu adoro um trem — e chegamos a Londres tipo dez da noite. Fomos direto para o hotel, que, apesar de estar situado num local ótimo — Regent Street —, era de quinta.

Eu não tenho nada contra hotéis modestos, mas tem que haver algum charme nessa modéstia, o que não havia naquele hotel; me senti tão infeliz que quase chorei. Aliás, são dois os tipos de hotel onde não me hospedo, prefiro dormir na calçada: aparts e pousadas. Mas era hora de dormir; Linda me ofereceu uma bolinha mágica, que foi o que me salvou, e no dia seguinte pensaríamos no assunto.

Antes de falar sobre Londres, e para não confundir as coisas, vou terminar a história da bolsa de Linda, que é eletrizante, e eu juro, juro que é verdadeira. Saímos, ela achando que ia arrasar. Só que, se você sair nua em Piccadilly, as pessoas nem te olham. Por razões que depois eu conto, andamos só nas ruas mais elegantes, entramos nas lojas, e ninguém olhou para a bolsa — e, se olhou, foi com um certo desprezo. Mas Linda é esperta e intuitiva, e, quando no dia seguinte aconteceu a mesma coisa, ela sacou.

3224

3012
eurostar

Sacou que em Londres é tudo diferente, a elegâcia é absolutamente discreta, você pode comprar uma coisa caríssima mas ninguém percebe, só você, e que essa história de muita grife, de as mulheres se prestarem a ficar numa fila durante um ano para poder ter uma bolsa, é ridícula, cafona. E concluiu que ela própria, Linda, era muito cafona; que a verdadeira sofisticação não permite que se faça parte do rebanho das que só pensam nessa moda globalizada que se encontra em Los Angeles, Cingapura, Tóquio — tudo igual. Mas agora já era; só chorando, e Linda só não chorou para não estragar a maquiagem. Eu queria fazer alguma coisa por ela, mas o quê?

Fomos passeando e nos habituando à elegância londrina; quando passamos por uma loja italiana, Linda deu um grito: tinha visto na vitrine uma bolsa deslumbrante, daquele couro marrom que só mesmo na Itália, tudo o que ela queria na vida. E ficou nervosa: era a bolsa que ela devia ter comprado. Namorou a vitrine durante longos minutos e decidiu entrar na loja. Havia dois vendedores, um rapaz e uma moça, que descobrimos serem franceses e da maior simpatia. Linda ficou logo íntima e foi contando seu drama.

Tinha comprado a bolsa fazia cinco dias, viu que tinha cometido um erro, o sonho dela era ter a que estava na vitrine, e precisava desabafar; não havia nada a fazer, e ela não podia comprar uma segunda bolsa. O rapaz perguntou a ela por que não vendia a Hermès, e Linda riu, mas de nervoso, dizendo que nunca se consegue vender o que não se quer mais; o rapaz disse que conhecia a dona de uma loja *vintage* e que talvez ela se interessasse pela Birkin.

Linda logo pediu o endereço e pensou: "Se ela por acaso se interessar, quanto será que vai me oferecer, uns 4 mil euros? Perder 1640 é de matar, mas ficar olhando a bolsa pelo resto da vida no armário, com ódio de ter sido tão idiota, e ainda mais depois da abertura da loja Hermès em São Paulo, quando absolutamente todas as peruas e peruinhas vão comprar uma igual porque viram nas revistas, nem pensar". Não, Linda não quer fazer parte dessa turma, aliás, não quer fazer parte de turma nenhuma. E fez um juramento: se conseguisse vender a bolsa, grifes nunca mais. Nervosíssima, acabou pedindo que o rapaz sondasse a moça por telefone mesmo.

Ele obedeceu, e voltou dizendo que a dona da loja *vintage* queria a bolsa, sim, e que daria por ela um cheque de 6 mil libras. Linda quase desmaiou — e eu também. Afinal, aquele valor era bem maior que 5640 euros. O rapaz — um santo — explicou que havia mulheres que não queriam esperar um ano por uma bolsa, e que sua conhecida venderia facilmente a Birkin por 30% ou 40% a mais, e até já devia saber a quem. Mas havia o problema do cheque. O que é que Linda ia fazer com um cheque de Londres? Mais um telefonema, e a moça disse que pagaria cash.

HOW ARE YOU TODAY?

Em cinco minutos já estávamos dentro de um táxi, mudas, mal ousando acreditar que aquilo pudesse ser verdade. Na loja, mostramos a bolsa, a moça examinou, tirou da gaveta dois maços de 3 mil libras cada, presos por elástico, contamos e saímos, sem palavras além de *thank you*. A partir desse dia, passei a crer em milagres. Fomos direto ao Dorchester tomar um copo de champanhe, em homenagem à venda da bolsa e a Chaplin, que costumava se hospedar lá com a família.

Quando estávamos chegando, surgiu um Rolls-Royce branco e dele saltou uma indiana deslumbrante, com um sári preto e, no dedo, um brilhante de causar vertigem. O porteiro, que usava cartola, logo nos esqueceu, e quase desmaiamos com a quantidade de flores no *lobby* do hotel, lindas, imensas, luxuosas.

O bar era um bar de respeito, feito por quem entende do assunto. Um simpático inglês, vestindo terno e gravata, veio perguntar o que queríamos beber — champanhe, claro — e no final disse que, se quiséssemos mais alguma coisa, era só chamar por ele. "Meu nome é Sam", apresentou-se. A partir daí me senti inteiramente em casa;

adorei o balcão do bar, sinuoso, onde todos podem se ver, e a luz rosa, como convém às mulheres.

No segundo copo de champanhe — a flûte tinha uns vinte centímetros só de pé —, pedimos um club sandwich, dos melhores que já comi na vida. O garçom chegou, botou em cima da mesa dois guardanapos de linho branco, com a inscrição "The bar" bordada também em branco, claro, e me perguntou: "*How are you today?*", o que adorei. Falou como um amigo que tivesse me visto na véspera. Ao fundo, um jazz calmo e baixíssimo, tanto que nem deu para perceber quando começou a tocar.

A conta — setenta libras —, Linda fez questão de pagar; aliás, não era mais que sua obrigação, rica como estava. De lá, fomos a uma casa de bebidas, compramos duas garrafas de champanhe, voltamos à loja da bolsa italiana, para festejar, e aquela foi uma das tardes mais gloriosas de nossas vidas. Linda renovou seu juramento: nunca mais iria atrás do que dizem as revistas de moda; continuaria a usar coisas lindas, sim, mas muito especiais, que não aparecessem em fotos e cuja origem só raras pessoas conhecessem. E mais: passaria a usar todas as bolsas falsas da Hermès, não as que parecem ser autênticas, mas as descaradamente falsas, para mostrar que não está nem aí.

Eu acreditei. Porque, se fazer uma burrice é de matar, conseguir desfazê-la e ainda levar um troco é algo que não se esquece. E eu juro, juro mais uma vez, que essa história é verdadeira. A gerente da loja foi chamada para festejar conosco, e no meio da conversa disse que não deixássemos de ir ao bar do Dukes, o melhor hotel da cidade, onde, no melhor bar da cidade, se servia o melhor martíni da cidade. E agora, Londres.

WELL, WELL, WELL

Saindo da loja, Linda já com a bolsa nova, que custou 1200 libras — uma pechincha —, fomos para o hotel, e a primeira coisa que fizemos foi ligar para o Dukes, para saber se tinha lugar. Tinha, e dissemos que em uma hora estaríamos lá. Linda, que é louca e extremamente generosa, foi logo dizendo que o hotel era convite dela, e, quando chegamos, quase desmaiamos, pois o Dukes é pequeno e elegantíssimo; fica em St. James's Place, em pleno coração de Mayfair; mais chique, impossível. Na floreira da janela do meu quarto, hortênsias brancas. Eu diria, sem medo de errar, que nunca me hospedei em hotel melhor, e para sorte de Linda havia uma promoção: 180 libras a diária.

O Dukes é *cosy*, tem apenas noventa quartos, uma sala para tomar chá ou comer uma coisinha leve, que funciona 24 horas por dia — "*This is a hotel, miss*", disse o garçom quando perguntei sobre os horários —, dá para um jardinzinho, tem todos os jornais e revistas, um bom restaurante, o melhor bar da cidade (é bem verdade que não conheço todos, mas o do Dukes é maravilhoso) e o melhor martíni que já bebi na vida, disso tenho certeza.

E o quarto, ah, o quarto é um charme; e no armário tem um guarda-chuva, uma escova de roupa e uma calçadeira de cabo comprido, feita de chifre de boi. Será que alguém ainda sabe o que é uma calçadeira? E o boletim meteorológico, que chega à noite, começa assim: "Pensando em como se vestir amanhã?". Antes que eu me esqueça, o Dukes ia dar uma aula por mês, de setembro a março, ensinando como fazer um bom martíni. Preço da aula: 85 libras, e depois todos degustariam os martínis feitos pelos alunos, que seriam só seis em cada aula. E desculpe, mas não dá para não contar: o papel higiênico do Dukes é matelassê, como as bolsas de Chanel.

Nas duas primeiras noites havíamos jantado em lugares bobos, ao acaso, pois decidimos que definitivamente não iríamos aos que nos recomendaram dizendo coisas como: "Era lá que a princesa Diana costumava almoçar", ou: "É aonde todo mundo vai". E os restaurantes italianos que pululam pela cidade são todos iguais. Na verdade, não sabíamos bem aonde ir, porque fazia séculos que eu não ia a Londres, e para Linda era a primeira vez, mas não foi por falta de indicações, e vou passar algumas:

O San Lorenzo, tradicionalíssimo, que fica em Mayfair mas do qual os ingleses não gostam. Nesse restaurante, que dizem ser um reduto da Máfia, só recebem cash. Os pratos são todos bons — e caros. Outro, se você for bem esnobe, bem deslumbrado e bem rico, é o Nobu, comida japonesa com sotaque peruano. Não deixe de pedir *toro tartar* com caviar Beluga *on the top*, *yellowtail sashimi* e *Kobe beef*, que vem com uma rosa vermelha em cima, não sei se para comer ou não. Ah, e *oysters shootes*, com saquê e molho picante, prato que levanta qualquer ser humano na hora. E procure não chorar quando vier a conta. A comida do chef Matsuhisa é sucesso em Nova York, Bahamas, Mikonos, Las Vegas, Los Angeles etc. Só em Paris não deu certo e fechou, *et vive la France*! E tem também o bistrô do famoso Jamie Oliver, que comanda um programa de televisão bem-sucedido. A cozinha é regular, e todos os funcionários, treinados por ele, são ex-presidiários, ex-delinquentes e ex-traficantes. Enfim, tudo orgânico e, como se vê, politicamente corretíssimo.

Como Linda tinha seus planos, marcamos às sete no bar. Seus planos eram claros: telefonar para os amigos de Camila (a amiga inglesa que ela havia encontrado em Buenos Aires) e se enturmar. Só que se deu mal, a coitadinha. Como estávamos nos primeiros dias de agosto, todos tinham viajado — razão para Linda voltar em outra época. Porque ela adorou Londres e, entre suas juras de amor à cidade, disse que nunca mais vai comprar nada em Paris, que sua meta é trocar todo o seu guarda-roupa por coisas compradas só em Londres. Quem viver verá.

Às sete horas, britanicamente, entrei no bar; eram quatro saletas, uma ligada à outra, com mesinhas redondas para duas, três ou quatro pessoas, cadeiras de veludo marinho, e gravuras, muitas gravuras nas paredes, portas de mogno, tudo *very British*. E um pequeno balcão de bar, claro. O local estava cheio, animado. O garçom se aproximou, e nem esperei por Linda: pedi logo um martíni. "De gim ou vodca?", perguntou ele, e resolvi radicalizar: "De gim".

Então apareceu Linda, lamentando não ter encontrado ninguém, era verão etc.; no meio das lamentações chegou meu martíni, ela esqueceu tudo e pediu um também. Agora, atenção à cena: veio o garçom, impecável, empurrando um carrinho tipo de chá, e tirou, não sei de onde, um copo de martíni congelado por fora, o maior que já vi, jogou dentro um mínimo de Noilly Prat, só para umedecer, rodou o copo, jogou fora o que sobrou, pegou a garrafa de gim, levantou o braço tão alto quanto pôde e lá de cima derramou o gim no meu copo, com uma pontaria certeira. Aí, pegou um limão-siciliano, cortou com o utensílio apropriado uma boa lasca da casca, fez um twist, jogou dentro do copo e pôs o martíni na minha frente.

Foi um verdadeiro evento, emocionante, repetido em seguida no copo de Linda. Com 6 mil libras na bolsa, mesmo que não fossem minhas, naquele hotel divino, naquele bar diviníssimo, com aquele martíni celestial na frente, me senti a mulher mais feliz do mundo. Bebemos bem devagarzinho, para fazer durar aquele momento de tanta felicidade. E pedimos o segundo, claro.

O ritual foi o mesmo, e, quando terminamos, Linda, sempre exagerada, pediu o terceiro. O garçom disse, muito gentilmente, que não era aconselhável tomar mais um, mas ela nem ouviu e insistiu. O martíni veio, e na metade do copo Linda já não se entendia. Tínhamos reservado mesa para jantar no hotel, mas vi que não seria possível. Pedi a nota, só que no Dukes eles perguntam o número do quarto e não te dão nada para assinar, bem elegante. Levei Linda para o quarto — depois de ela ter bebido a última gota do copo —, tirei seus sapatos e fui jantar sozinha. É no que dá, ter amigas como ela. E fiquei pensando na programação para o dia seguinte.

LONDON, LONDON

É preciso dizer que Londres ferve de novo, da mesma maneira que ferveu nos *swinging sixties*; só faltam símbolos, como Mary Quant e os Beatles. Agora, essa capital cosmopolita disputa com Berlim o título de cidade mais vibrante e moderna da Europa, cada uma em seu estilo. Mas Londres ficou cara; de 20% a 30% mais cara que Paris. Vivem ali cinquenta nacionalidades — 200 mil franceses —, e se falam trezentas línguas. Pessoas do mundo inteiro vão para lá, onde se encontra absolutamente tudo o que se pode imaginar.

As possibilidades em Londres são infinitas, porém algumas coisas mudaram. O bairro dos indianos e paquistaneses é Wembley; já não se vê o típico inglês de chapéu-coco e guarda-chuva, e a cidade se transformou no maior comércio do planeta; não tem para Paris, Nova York, Los Angeles. Mas, como Londres é grande e espalhada, todas as lojas famosas — e são muitas — abriram filiais estrategicamente nos lugares mais in, e, se você passar por alguma delas, vai encontrar mais umas três pela cidade.

Londres estava linda e alegre: os táxis coloridos, pintados de azul, rosa, amarelo, outros grafitados; o céu azul; o sol brilhando, durante uma semana não caiu nem uma gota de chuva. Mas, como nada é perfeito, os turistas infestavam a cidade. Eu, que sou tão turista quanto, não gosto deles. Adoraria chegar aos lugares e encontrar só os da terra, mas está cada vez mais difícil, todo mundo com essa mania de viajar.

E na Inglaterra é pior, os turistas são mais visíveis: homens e mulheres de short, famílias inteiras levando suas malas de rodinhas pela rua, não combina com Londres. Vai ser preciso voltar no inverno, para encontrar a cidade com *fog*, ou será que acabou? Há anos não ouço falar do tal do *fog*, que era um charme.

Bem, e a programação para o dia seguinte? O British Museum, nem pensar, pois teríamos que enfrentar uma longuíssima fila. A London Eye, também nem pensar, pelos mesmos motivos. A Torre de Londres, também não, também pelos mesmos motivos. Piccadilly Circus, Oxford Street, Regent Street, Covent Garden: cheios de gente, parecendo o Carnaval de Olinda.

A esses lugares todo mundo vai, e aos outros, os restaurantes e clubes dos descolados, ainda que a turma seja outra, também todo mundo vai, e, o pior, se achando. Pensei então que há lugares que nunca estarão na moda, outros que ficarão por um certo tempo, e outros que sempre estiveram na moda e sempre estarão. E que essa Londres estava a dois passos do nosso hotel mas ninguém falava nela, a não ser os que sabiam de sua existência.

Decidi fazer uma pesquisa sobre os lugares mais inacreditavelmente chiques da cidade — e, portanto, do mundo — e ir visitá-los. Depois contaria um pouco dessa experiência, que eu conhecia de tanto ouvir falar mas que por certo é nova para muita gente. Pronto, estava resolvido; tive uma grande conversa com Jessica, da recepção do hotel, que me deu várias dicas, e fui dormir feliz, com o coração em paz. E, como sempre falo só de moda de mulher, roupa de mulher, bolsa de mulher, no dia seguinte iria me dedicar à moda masculina. Os rapazes vão gostar.

TERNOS ETERNOS

Foi duro acordar Linda e tirá-la da cama, mas, quando consegui, fomos direto ao melhor alfaiate do mundo, Henry Poole. A loja fica no 15, Savile Row, tem apenas seis metros de frente, uma pequena vitrine, e desde 1806 pertence à mesma família. Da imensa lista de seus mais ilustres clientes, vou escolher só seis, para não cansar: o príncipe de Gales, o xá da Pérsia, o czar Alexandre da Rússia, o imperador Pedro II, do Brasil, o imperador Napoleão III e Winston Churchill.

Todos os ternos, smokings e casacas são confeccionados à mão, e as medidas, o corte, as costuras, o acabamento e as provas, tudo acontece no 15 de Savile Row. Exceções são feitas para os moradores do palácio de Buckingham, que, aliás, não têm desconto nos ternos que compram — nem precisam.

Fomos atendidas pelo próprio mr. Poole, que com toda a gentileza me deu as informações que pedi. Que um cliente costuma fazer uma média de quatro ternos por ano, e a alfaiataria, cerca de 1400; que, em geral, os filhos dos clientes ganham seu primeiro terno quando saem da universidade. O mais barato custa 2500 libras, e o mais caro (de vicunha), 12 mil.

A coisa se passa assim: o cliente vai à loja, tira as medidas, escolhe o tecido, entre os 6 mil que existem no estoque, e diz ao alfaiate que tipo de terno gostaria de ter. Segundo suas medidas, o primeiro molde é cortado em papel; diferentes materiais são usados para forrar uma gola, um punho, e o terno fica pronto para a primeira prova. Depois é devolvido ao alfaiate para que seja preparada uma segunda prova. Então, são feitas as alterações finais. Entra em cena uma costureira especializada em fazer as casas dos botões — à mão, é claro. E o terno Henry Poole está pronto para sua última prova, quando o cliente receberá todas as instruções sobre como lavá-lo, passá-lo, conservá-lo.

Um terno desses tem uma utilização média de dez anos e, se for de tweed — e o cliente não engordar —, pode durar até trinta anos. Para quem mora em Londres, um terno leva em torno de três meses para ficar pronto. Para quem vive no exterior, seis meses, e detalhe: cada terno é numerado para poder ser refeito sem necessidade de prova — e na perfeição.

Os ternos Henry Poole não saem de moda, porque nunca entram na moda. Afinal, um Poole é um Poole. Se a tendência é estreitar as lapelas em três centímetros, as dos ternos Poole são estreitadas em quinze milímetros. Quando os clientes moram fora do país, vai uma equipe para fazer as provas — como faziam com o imperador Hiroito, em Tóquio, por exemplo.

As medidas podem ser tiradas e as provas podem ser feitas em Viena, Paris, Hamburgo, Düsseldorf, Frankfurt, Tóquio, Luxemburgo, Zurique, Genebra e em doze cidades dos Estados Unidos. Mas, para fazer uma consulta pessoal, só marcando hora na loja em Londres. A casa Poole não se expandiu, não abriu filiais pelo mundo, não quer se globalizar, mas tem dois escritórios na China.

Saindo de lá, pedi a mr. Poole que me indicasse um bom restaurante nas imediações, e ele recomendou o Wiltons, em Jermyn Street, ou o Scotts, em Mount Street, ambos muito elegantes. No primeiro eu deveria pedir um *Dover sole* — um linguado de Dover —, que na sua opinião era o melhor de Londres. Nós duas estávamos vestidas corretamente mas de maneira simples, e perguntei se o *dress code* estava apropriado para um restaurante como aquele. Mr. Poole nos olhou demoradamente da cabeça aos pés e disse, "naquele" tom: "*Well*". Imagine se Linda estivesse com a Birkin cor de laranja, a vergonha que seria.

O restaurante era elegante, sim, sem aqueles fru-frus dos franceses. Pedimos o *sole*, vinho branco, e pagamos pela brincadeira 120 libras — bem mais do que teríamos pago em Paris, mas afinal estávamos num chiquérrimo restaurante em Londres, indicado por mr. Poole; e isso não conta?

Depois do almoço, fomos, também por indicação vocês sabem de quem, à melhor loja de camisas do mundo, a Turnbull & Asser, na Jermyn Street. Sobre os balcões, expositores circulares que giravam para exibir os lenços: um com todos os tons de rosa, outro com os azuis, outro com os violeta, outro com os amarelos. Cashmeres em todos os tons e modelos, e você pode encomendar o modelo que quiser, da cor que quiser. E foulards, e abotoaduras, e gravatas, e meias, e barbatanas de todos os materiais, inclusive ouro, e todo tipo de meia, de todas as cores — as de cashmere custavam oitenta libras.

Fomos levadas para conhecer a loja por Roberto, um simpático brasileiro de Campo Grande. Além de camisas, a Turnbull & Asser faz sob medida pijamas, robes, cuecas, luvas e — *pourquoi pas?* — gravatas. Uma camisa leva em média seis semanas para ser feita. O cliente tira as medidas — de cada um dos braços separadamente, pois um pode ser mais longo que o outro — e faz duas provas. Quando a camisa fica pronta, ela é entregue, o cliente a usa, manda lavar, e volta à loja vestido com ela, para ver se está, no mínimo, perfeita. Se está, ele escolhe entre os mil tecidos à disposição e encomenda quantas quiser. Se não está, o processo recomeça do início. Quando prontas, as camisas são entregues com punhos e colarinhos extras; assim, quando estiverem gastos, podem ser trocados.

Um dos clientes mais famosos da camisaria foi Winston Churchill; numa vitrine está exposto um robe de veludo comprido, verde-escuro, que ele usava quando chegava em casa, por cima do terno; e ao lado, uma grande fotografia de Churchill vestido com o robe. O príncipe Charles faz em média doze camisas por mês, que custam cada uma 375 libras, as de duzentos fios; e alguém pensaria em usar uma camisa com menos de duzentos fios? Outros clientes famosos são Al Pacino, Robert Redford e todos os James Bond desde Sean Connery.

Aproveitando que estávamos em Jermyn Street, uma rua mínima, fomos também ao Floris, onde se vendem águas-de-colônia, sabonetes, sachês para colocar em gavetas.

Exaustas de tanta elegância, entramos num pub e pedimos uma cerveja, qualquer uma — existem trilhões de tipos e marcas, e eu nem gosto de cerveja. Mas foi para cair um pouco na real e conversar um pouquinho com Linda, que estava muda desde que saímos do hotel. Em primeiro lugar, pela ressaca e, em segundo, porque não fala uma só palavra em inglês. E ela se lamentava: "Por que eu não fui para a Cultura Inglesa, em vez de ir para a praia?". Mas agora era tarde, apesar de ela jurar que ia fazer um intensivo de inglês assim que chegasse ao Rio. OK, Linda, eu acredito em tudo o que você me diz.

DE BOTAR NO CHINELO

Ainda era cedo e resolvemos encarar a loja que, segundo a revista *Esquire*, é a mais bonita do mundo: a John Lobb. Uma pequena vitrine de não mais que quatro metros, uma portinha; um pequeno escritório na frente; nos fundos, aberta, a oficina onde artesãos de avental fazem os sapatos mais preciosos que existem. A primeira coisa que vi foi uma caixa do mais lindo couro, com quatro latas de graxa, duas escovas e algumas flanelas, para levar em viagem. Afinal, quem ousaria engraxar um sapato John Lobb com outra graxa, outra escova, outra flanela que não fossem John Lobb? E eles fornecem também cadarços de sapato, para quando derem sinal de velhice.

Fomos recebidas por William e John Lobb na St. James's Street, respectivamente quarta e quinta geração da família, ambos de avental, como seus 25 funcionários, que explicaram como as coisas se passam: o cliente tira a medida de cada um dos pés separadamente, sentado e em pé; depois, escolhe o modelo e o couro. Faz-se então um molde de madeira de cada pé. Para o primeiro par, é preciso que o cliente faça algumas provas. Depois de prontos, os sapatos ficam nas estantes durante cinco dias, para descansar.

Um sapato dura entre trinta e quarenta anos. Um dos mr. Lobb me contou que uma trilionária americana encomendou dois pares de sapato de couro de crocodilo (12 mil libras o par) para seu filho de nove anos, com a recomendação: "Façam rápido, antes que seus pés cresçam".

Outra história que adorei: em janeiro de 2009, o príncipe Charles e a duquesa de Cornualha foram fazer uma visita à John Lobb, uma espécie de homenagem a uma loja tão tradicional e tão totalmente inglesa. Depois de ter estendido a mão a todos os artesãos, o príncipe disse que estava usando um sapato John Lobb que tinha havia trinta anos, e que pretendia usá-lo ainda por muito tempo. Os proprietários se sentiram tão felizes e tão honrados que, para festejar a visita, resolveram fazer uma promoção especial: cada cliente que encomendasse dois pares de sapatos naquele ano, teria um desconto de mil libras — mil libras! — no segundo par. Não é fantástico?

A John Lobb também faz sapatos para a rainha (aqueles bem ingleses), botas, sapatilhas de verniz com laço de gorgorão para festas black-tie e pantufas de veludo com monograma dourado para ficar em casa. Há quem diga que se pode receber para um jantar black-tie com essas pantufas, mas há controvérsias. E o luxo dos luxos: os sapatos são entregues em caixas cor de vinho, envoltos em papel de seda também cor de vinho. Ah, um detalhe: uma ou duas vezes por ano uma equipe da John Lobb agenda encontros em diversos países com os clientes que querem encomendar novos pares, e aproveita para provar os sapatos daqueles que não puderam ir a Londres.

Ao lado da John Lobb, há outra loja altamente recomendada, a Berry Bro's & Rudd, de vinhos e bebidas em geral, aberta no século XVII. A madeira do chão nunca deve ter sido trocada, e parece que se está num navio prestes a afundar. É desnecessário dizer que nessa loja, como em todas as outras em que estive, não há decoração, as oficinas onde os produtos são feitos estão à vista do cliente (não na loja de vinhos, é claro) e as fachadas, pequenas, são da mais total simplicidade, praticamente iguais às das lojas vizinhas: uma porta, uma janela envidraçada com esquadrias de madeira. A madeira das portas e das janelas já deve ter levado umas oitenta mãos de tinta, uma sobre a outra, sem jamais ter sido raspada nem lixada.

Fiquei impressionada com o preço de alguns vinhos. Um deles, o Vosne-Romanée Magnum 1999, custava 9297,85 libras. O Vosne-Romanée é o menor village da Borgonha (3,68 km^2), e é nesse privilegiado e minúsculo terreno que surge o vinho mais famoso da França, o Romanée-Conti. Aliás, não é mais possível comprar esse vinho, pois as safras dos próximos anos já estão todas vendidas aos japoneses e americanos.

Numa das paredes, há uma carta da rainha Elizabeth agradecendo a excelência dos vinhos etc. Além dos vinhos, há também uma sala só para uísques, outra só para champanhes.

Na loja ao lado, a Lock & Hatters, que existe desde 1676, são feitos de cartolas a bonés de praia ou de caça, chapéus-panamá, de equitação, de feltro, de lã, todos sob medida. Considerados os melhores chapeleiros de Londres, a loja ostenta, discretamente, o chapéu do almirante

Nelson, e entre seus clientes estão Napoleão III, Frank Sinatra, Chaplin, De Gaulle, Winston Churchill. E são, é claro, fornecedores da casa de Windsor, podendo ostentar a placa "*by appointment*", como aliás todas as citadas anteriormente. E as caixas, ah, as caixas: se eu tivesse uma, poria no lugar mais nobre da minha casa, enfeitando-a.

No segundo andar é a seção feminina, com os chapéus excêntricos que só as inglesas são capazes de usar — basta pensar nas corridas de Ascot —, e não duvidaria que os chapéus de Audrey Hepburn, em *My fair lady*, desenhados por Cecil Beaton, tenham sido feitos pela Lock & Hatters. E por falar em Cecil Beaton, lembro de uma famosa frase que é a cara dele: "Miami é um dos lugares mais revoltantes do universo". Se eu fosse homem, rico e gostasse de comprar, ia morar em Londres e não saía desse quartier. E compraria pelo menos uma coisa por dia — ou três.

Em todas as famosérrimas e melhores casas de elegância masculina, mas em todas elas mesmo, Winston Churchill foi citado como um grande cliente. Desconfio que, além de grande estadista, ele foi também um grande dândi, que pensava muito em roupas. Conta a história que Churchill tinha um bunker onde deveria ficar durante os bombardeios. Mas, quando começavam, ele ia para o terraço do Ritz e ficava vendo o clarão das bombas explodindo sobre sua amada Londres.

Na esquina da St. James's Street com a Jermyn Street, levei um susto: a loja Davidoff é das mais deslumbrantes que já vi. É grande, e, além de charutos, cachimbos e fumo, vende bebidas, bengalas com castão de prata ou com formato de cabeça de animais, algumas bizarras, outras que podem ser dobradas em quatro e guardadas dentro de um saquinho xadrez. E guarda-chuvas de homens e mulheres, de todas as cores e tamanhos. Acabou aquela tradição do guarda-chuva preto: eles agora são bem coloridos, estampados, e, junto com os táxis de todas as cores, alguns com TV para os passageiros, que podem trocar de canal e regular o som, tornaram Londres uma cidade muito, muito alegre. E em matéria de elegância, não há nada igual.

Num dia de chuva, nada melhor do que passar o dia inteiro na Harrods, ou na Fortnum & Mason, mas, pensando bem, lojas de departamentos são bem parecidas no mundo todo; a diferença é que na Harrods você pode comprar o que quiser, mas o que quiser mesmo. Se não estiver com vontade de comprar nada, o que duvido, então vá se divertir na luxuosa seção de alimentação, uma das mais importantes do mundo. A Harrods é considerada a maior *department store* que existe porque lá você encontra de um elefante a uma Ferrari, de um jatinho a cem gramas do melhor presunto do planeta. Ela é tão inglesa que foi considerado quase um ultraje quando o milionário Mohamed Al Fayed, pai do namorado da princesa Diana, comprou a loja, que tem 5 mil empregados, 28 restaurantes, e é a única da Inglaterra que vende casacos de pele, para fúria dos defensores dos animais. Depois da morte do filho e da princesa, Al Fayed resolveu fazer duas homenagens ao casal na própria loja: numa mesa pequena, um porta-retratos com fotos do casal, mais o copo em que a princesa tomou seu último gole de vinho, ainda com a marca do batom, e o anel que Dodi teria comprado na véspera, para oficializar o compromisso dos dois; e, na escadaria da loja, foi feita uma grande escultura do casal dançando debaixo das asas de um albatroz, considerado um "espírito divino" — de um gosto duvidoso, eu diria. E Al Fayed já anunciou que está pensando em mandar fazer uma estátua de Michael Jackson para homenageá-lo — de gosto ainda mais duvidoso. Quando Linda viu a estátua, ficou extasiada e disse: "Bem que podia ser eu". Juízo, Linda.

E por falar em alimentação, resolvemos almoçar num restaurante tipicamente inglês, o Simpson's-in-the-Strand, no 100, Strand. Trata-se de um mundo a léguas do universo das cozinhas fusion e nouvelle. Lá você encontra a estabilidade da culinária inglesa — pena que ela não dê muita escolha.

O Simpson's foi aberto em 1828; inicialmente era um clube de xadrez, depois virou uma coffee shop e tornou-se um restaurante em 1848. O Grand Divan, no térreo, é provavelmente o único em Londres que serve a genuína boa comida inglesa, num décor totalmente britânico que é unicamente seu. Se alguém estiver procurando a expressão "britanismo", não deve ir mais longe. Um carrinho de prata passeia pela sala servindo o tradicional *rost rib*, de carne escocesa Angus, considerada a melhor do mundo, rodeado de batatas assadas, e o também tradicional *yorkshire pudding*. Segundo dizem, todo o rebanho Angus pertence ao príncipe Charles. Mas não deixe de provar também o melhor salmão defumado que existe, o escocês.

A lista de vinhos homenageia a França, e talvez a única concessão feita pelo Simpson's na passagem do tempo foi nos preços. Digamos apenas que agora são mais competitivos; apesar que não se pode dizer que um jantar com dois pratos por 29 libras seja caro, e a magnífica atmosfera é absolutamente gratuita. É aconselhável evitar calças compridas — no caso das mulheres, claro.

VERY BRITISH

Linda não conseguia entender por que alguns homens gastam 4 mil libras em um sapato, se podem comprar um exatamente igual por quatrocentas; ainda se fosse um modelo diferente, que só aquela loja tivesse, ela entenderia, mas, se são iguais, qual a graça? E um homem vestido com um terno marinho Henry Poole não é igualzinho a outro homem vestido com um terno marinho comprado pronto? Percebendo que aquela conversa ia ser longa, levei Linda para tomar um chá na Fortnum & Mason — onde estão os melhores sanduichinhos de pepino de Londres — e falei que, se você vir um homem calçado com um sapato John Lobb e outro calçado com um sapato de uma marca qualquer, comprado pronto, não vai notar nenhuma diferença entre eles, até porque, é verdade, os modelos serão praticamente iguais.

Por mais que você olhe para uma camisa da Turnbull & Asser e para uma outra qualquer, vai achar as duas iguais. Quando souber da diferença dos preços, aí é que não vai entender mesmo; mas é simples: os ingleses pagam essas verdadeiras fortunas por seus ternos, camisas e sapatos por duas razões — uma delas, e muito importante, é que essas compras são feitas pelo prazer pessoal, não importando a mínima se alguém sabe que estão usando um sapato de 4 mil libras ou não. Um John Lobb só interessa a quem usa. Na cabeça deles não existem as palavras "exibição", "ostentação". Eles sabem do conforto que é andar com esses sapatos, e isso basta. Sabem também que estão pagando caro por coisas que vão durar, e muito, e quem passou por uma guerra dá valor ao dinheiro.

É preciso lembrar que foram os ingleses que, por necessidade, puseram na moda aquele pedacinho de camurça costurado nos cotovelos dos casacos que estavam puídos, pois com a guerra ninguém podia comprar um paletó novo. E, na falta de cintos, passaram a usar a gravata em volta da cintura, coisa que todos imitaram numa determinada época. Em Londres ainda se cultiva uma elegância durável, e há um certo desprezo pela mudança de figurino a cada estação. Mas numa coisa os ingleses são inflexíveis: ninguém pode viajar sem levar um smoking.

Como burra Linda não é, ouviu tudo sem dar um pio e só disse uma frase no final: "Então eu fiz bem de comprar minha bolsa de 1200 libras, não fiz?". Dei um beijo na testa dela e disse: "Fez, Linda, claro que fez".

Londres é surpreendente: estava eu uma manhã, tipo onze horas, andando pelo meu quartier chique, quando vejo uma loja grande, com dois gigantes na porta vestidos de maneira estranha, de braços cruzados, com toda a pinta de seguranças. Mais no fundo a loja ficava escura, e um garoto de jeans e sem camisa — a barriga, um tanque — dançava ao som que vinha lá de dentro. Curiosa, perguntei: "É uma discoteca?", e um dos gigantes me respondeu: "Não, é uma loja, entre". Entrei, e era quase um breu, mas com a música a mil e aquelas luzes de discoteca. O que vendiam? Roupas para jovens, camisetas, jeans, shorts etc. Veio logo um rapaz perguntando: "*Do you want a drink?*", mas onze horas da manhã ainda era muito cedo. Dei uma olhada na loja, e, quando saí, havia uma moça com uma Polaroid tirando fotos de quem entrava com o garotão que dançava — tirei uma que ficou ótima. Linda se rasgou toda por ter preferido ficar dormindo a sair comigo de manhã. A loja se chama Abercrombie & Fitch e fica no 7, Burlington Gardens.

É claro que Linda, subdesenvolvida e distraída, na hora de atravessar a rua, olhava para o lado errado e atravessava fora da faixa. Pois os carros todos paravam para dar passagem. Não é gentilíssimo? Mas se um único daqueles simpáticos policiais, os bobbies, estivesse por ali, teria chamado sua atenção; mas não vi policiais em Londres ou Paris, a não ser nos aeroportos.

Ah, e quando você pede uma informação na rua e agradece, ouve como resposta: "*My pleasure*", coisa que adorei. Os ingleses são tão *sweet*, que a locutora da BBC, ao anunciar a morte de um ex-jogador e ex-técnico de futebol adorado pelos britânicos, Bobby Robson, disse: "*He was a lovely, lovely man*". Muito lindo. E por falar em futebol, não vamos esquecer que os ingleses costumavam assistir às partidas de futebol de terno e gravata.

Mas turismo chique mesmo é o que fez um casal amigo: um Rolls foi buscá-los na porta do hotel para fazer um piquenique nos jardins de um castelo nos arredores de Londres. Um *valet* (copeiro) estendeu uma toalha na grama, entregou a cada um uma manta de cashmere, abriu a cesta e serviu sanduichinhos, biscoitinhos, docinhos, queijos, salmão, presuntos, frutas, champanhe. Na varanda do castelo uma orquestra tocava, ao vivo, Mozart, Bach, Vivaldi. Só esqueci de perguntar como ela foi vestida para a ocasião.

Mais uma coisa chique: quer receber uma cartinha do palácio de Buckingham? Pois no aniversário da rainha, ou de um dos príncipes, mande um presentinho — um livro, um CD, qualquer coisa. Tempos depois você receberá uma carta da secretária da pessoa para quem você mandou o presente dizendo que ela ficou felicíssima, agradecendo etc. E com o papel timbrado do palácio, para você mostrar a todos os seus amigos.

Lembrei de rever a Burlington Arcade, uma galeria em Piccadilly, onde se compravam os melhores cashmeres de Londres. Lá está ela, impávida, com seus seguranças fardados e de cartola na porta, para impedir que alguém assobie, cante ou corra dentro da galeria, e já foi pior: houve um tempo em que mulheres sozinhas não podiam passar por lá, só acompanhadas. Que tal? A Burlington Arcade tem umas coisinhas novas: uma loja de malas maravilhosas, Macintosh, que são a cara de Londres e custam de 550 a 860 libras; a Vintage Watch Company, com dezenas de relógios Rolex antigos, para homens e mulheres — um dos mais baratos, de 1930, custa 20 mil libras, mas os preços podem ir a 50 mil libras. Os cashmeres continuam, as lojas de joias antigas continuam, e é sempre uma delícia passar por lá. Mas não posso deixar de contar que estava andando na rua quando vi uma loja chamada Beretta Gallery, de material de caça, e a data em que havia sido aberta: 1526. Vinte e seis anos depois de termos sido descobertos aquela loja já fabricava roupas para caçadas e estojos para levar joias.

A New Bond Street foi tomada pelas lojas femininas — todas. E a Louis Vuitton está construindo uma que vai ocupar um quarteirão inteiro, valha-me, Nossa Senhora! É a rua com mais seguranças por metro quadrado do mundo — por causa das joalherias —, e, mesmo assim, é preciso apertar a campainha para entrar nas lojas. Numa delas havia um relógio que na verdade eram quatro, cada um dando a hora em uma cidade do mundo, e cada um com o mostrador de cor diferente. Como viver sem um relógio desses? Havia também dois celulares que me interessaram muito: um de titanium, por 14 500 libras, e outro de ouro e brilhantes, por 30 900 libras. E eu acho que as lojas que vendem roupas para homens e mulheres odeiam as mulheres: tudo o que é para elas é no segundo andar, já prestou atenção?

É curioso como nosso gosto vai mudando. Depois de dois ou três dias em Londres, comecei a achar graça numas roupas louquíssimas. E fiquei entre o clássico dos clássicos — pensando seriamente em comprar uma saia de lã xadrez e um conjunto de cashmere para usar com um colar de pérolas, como a rainha — e umas roupas indescritíveis, que não existem em nenhum lugar do mundo, só mesmo em London town. São roupas incríveis, e dificilmente — raramente, eu diria — você encontraria na mesma loja uma blusa igual a outra; na rua ou num restaurante, eu diria impossível. No início você acha tudo louco, mas depois do quarto dia já está querendo levar tudo — mas tudo o que seja genuinamente inglês, nada que venha de grifes das quais você já tenha ouvido falar, aquelas. É tudo *so chic, so cher, so Mayfair*!

Estava de novo exausta de tanta loja, tanta moda, e aproveitando a ausência de Linda, que resolveu passar o dia no Hyde Park, fui fazer um programa meu, só meu: visitar a casa onde Freud morou os últimos anos de sua vida e que hoje é um museu.

Tomei um táxi e fui para Hampstead, que fica um pouco longe do centro. Passei pelos parques mais lindos, de árvores com os verdes mais lindos, até chegar a uma rua tranquila, arborizada, onde ficava a casa dele. Entrei, dei uma volta geral e não resisti: fui logo para uma sala grande, sombria, cheia de estantes e livros, onde estava o divã, o famoso divã onde se deitavam seus pacientes. Éramos muitos, e todos olhávamos em silêncio, um silêncio respeitoso; em cima da mesa seus óculos, seu charuto, e o cheiro do divã, dos livros, até do silêncio. Foi uma emoção mais forte do que eu poderia ter imaginado. Teria ficado lá a tarde inteira, só olhando, mas tive que sair, e fui olhar os fundos da casa.

Havia um gramado circular bastante grande, cercado por arbustos que cobriam as casas vizinhas. Numa mesa tosca, sentada numa cadeira, uma mulher de cabelos brancos lia um livro; um pouco mais longe, aproveitando o sol, um enorme cachorro preto e branco dormia. Parecia um cenário, tudo fazia parte de alguma coisa muito profunda que bateu forte dentro de mim.

E olhando de novo as árvores de Hampstead, lembrei de uma amiga que pinta aquarelas, mas que nunca conseguia fazer paisagens, pois os verdes das árvores nunca davam certo. Uma vez, em Londres, ela foi comprar tinta para suas aquarelas e percebeu que o verde da tinta inglesa é completamente diferente do verde das tintas brasileiras, e sabe por quê? Porque o verde de cada país é diferente do verde de outro; por isso ela não conseguia acertar. Eu pensava em tudo isso, mas não parava de pensar em Freud. Como teria sido, se ele tivesse nascido no Brasil?

Era domingo, nosso último dia na cidade, e nosso trem ia sair às nove da noite. Sugeri, e Linda logo aceitou, fazermos um brunch e mais tarde tomarmos um chá — um chá daqueles bem tradicionais, que provavelmente existem desde 1800, aonde vão as velhinhas mais velhinhas do mundo, todas de chapéu e, se duvidar, de luvas —, fundamental para fechar com chave de ouro nossos belos dias em Londres.

O brunch foi feito num salão da Fortnum & Mason perto do hotel, uma espécie de filial da grande loja de Knightsbridge, que não chega a ser um restaurante nem uma casa de chá. É desses lugares simpáticos, abertos o dia todo, onde se pode fazer um snack com um copo de vinho, e aos domingos cheio de gente para o brunch. Pedimos uns ovos benedict com salmão e sauce holandaise que foram dos melhores que já comi na vida, com um copinho de champanhe, de despedida. A conta foi de quarenta libras; pensando bem, nenhum absurdo. Fomos para o hotel fechar as malas e, no caminho, já bem pertinho, vimos uma placa azul, redonda, que dizia: "*From this house, in 1848, Frederic Chopin went to Guildhall to give his last public performance*". A casa fica no 4, St. James's

Place. Isso, na hora de ir embora, balança o coração de qualquer um, e o meu balançou forte.

A sorte é que, quando fomos pagar a conta — Linda elegantemente pagou, cash —, Jessica, a recepcionista, perguntou quando iríamos voltar a Londres e o que íamos fazer à tarde. Quando dissemos que íamos tomar chá no Ritz, ela perguntou se havíamos reservado e respondemos que não; viu-se que havia um problema, mas ela tentaria contorná-lo. E avisou: reservas devem ser feitas com três meses de antecedência, mas, como ela tinha uma amiga que trabalhava lá, ia tentar. E contou que nas áreas públicas do hotel as mulheres devem estar de vestido e os homens, de terno; e que é formalmente proibido o uso de sapatos esporte ou jeans. Voltamos para o quarto, tiramos da mala umas daquelas roupas loucas que havíamos comprado — essas são muito bem recebidas — e tivemos a boa notícia: Jessica tinha conseguido uma mesa para nós. E valeu a pena, ah, se valeu.

O Ritz é, eu diria, espetacular; a galeria é cheia de abóbadas, lustres, espelhos, e foi timidamente que perguntamos a um dos garçons de casaca onde era o Palm Court, que nos foi indicado com gentileza. Quase desmaiamos, e duvido que o palácio da rainha seja mais luxuoso do que o Palm Court, tal o décor, as cadeiras, as mesas, as flores, as porcelanas, a prataria, as bandejas de prata de três andares colocadas na mesa. No andar de baixo, por onde se deve começar, sanduíches bem fininhos; no segundo, bolinhos para se comer com creme; e, no andar de cima, os docinhos, tudo por 37 libras. Todas essas delícias vão sendo repostas aos poucos, pois não é nada chique um prato cheio de sanduíches — mas que eu adoro. Antes de qualquer coisa, nos trouxeram um copo de champanhe, e só depois começou o ritual do chá. Para fazer bonito com os ingleses, fiz como eles: servi-me em primeiro lugar de um pouquinho de leite frio, e só depois de chá — de preferência sem açúcar. E sabe de onde veio o hábito do leite frio? Como em outros tempos as xícaras eram de porcelana finíssima, havia o medo de que o chá muito quente as quebrasse, daí os dois dedinhos de leite frio.

Saímos de lá prontas para enfrentar a realidade, que era apanhar a mala, pegar um táxi, tomar o trem. E quando Linda, que voltaria para o Brasil na noite seguinte, viu que eu estava bem triste por ir embora, passou a mão na minha cabeça e disse: "*But we will always have Paris*".

Taxi

ENDEREÇOS

SÃO PAULO

BARES, CAFÉS, PADARIAS E RESTAURANTES

ARABIA
Rua Haddock Lobo, 1397
tel 11 3061 2203
www.arabia.com.br

BAR BRAHMA
Avenida São João, 677
tel 11 3333 0855
www.barbrahma.com.br

BAR DA DONA ONÇA
Edifício Copan
Avenida Ipiranga, 200
tel 11 3257 2016
www.bardadonaonca.com.br

BAR DO NELSON
Rua Canuto do Val, 83
tel 11 3338 2525
www.biroska.com.br

BAR DOS CORNOS
Avenida Gen. Mac Arthur, 865
tel 11 3766 2969
www.bardoscornos.com.br

BELLA PAULISTA
Rua Haddock Lobo, 354
tel 11 3214 3347
www.bellapaulistaonline.com.br

BIROSKA, A CASA DOS ARTISTAS
Rua Canuto do Val, 9
tel 11 3338 2525
www.biroska.com.br

FAMIGLIA MANCINI
Rua Avanhandava, 81
tel 11 3256 4320
www.waltermancini.com.br

FRANGÓ
Largo da Matriz Nossa Senhora do Ó, 168
tel 11 3932 4818
www.frangobar.com.br

FRANGO COM TUDO
Rua Canuto do Val, 115
tel 11 3338 2525
www.biroska.com.br

GALERIA DOS PÃES
Rua Estados Unidos, 1645
tel 11 3064 5900
www.galeriadospaes.com.br

JUN SAKAMOTO
Rua Lisboa, 55
tel 11 3088 6019

LA BRASSERIE ERICK JACQUIN
Rua Bahia, 683
tel 11 3826 5409
www.brasserie.com.br

LA CASSEROLE
Largo do Arouche, 346
tel 11 3331 6283
www.lacasserole.com.br

LA TAMBOUILLE
Avenida 9 de Julho, 5925
tel 11 3079 6276

LE BUTEQUE
Rua Haddock Lobo, 1416
tel 11 3083 3737

MASSIMO
Alameda Santos, 1826
tel 11 3284 0311

MOCOTÓ
Avenida Nossa Senhora do Loreto, 1100
tel 11 2951 3056
www.mocoto.com.br

PANDORO
Avenida Cidade Jardim, 60
tel 11 3063 1621
www.pandorobar.com.br

PARIS 6
Rua Haddock Lobo, 1240
tel 11 3085 1595
www.paris6.com.br

PASTA & VINO
Rua Barão de Capanema, 206
tel 11 3081 8747
www.pastaevino.com.br

RODEIO
Rua Haddock Lobo, 1498
tel 11 3474 1333
www.churrascariarodeio.com.br

SANTO GRÃO
Rua Oscar Freire, 413
tel 11 3082 9969
www.santograo.com.br

SIGA LA VACA
Rua Canuto do Val, 97
tel 11 3338 2525
www.biroska.com.br

SPOT
Alameda Min. Rocha Azevedo, 72
tel 11 3284 6131

TERRAÇO ITÁLIA
Avenida Ipiranga, 344,
41° e 42° andares
tel 11 2189 2929
www.terracoitalia.com.br

CABELEIREIROS

C. KAMURA
Rua da Consolação, 3679
tel 11 3061 5500
www.ckamura.com.br

MG HAIR
Rua Estados Unidos, 1862
tel 11 3068 9035
www.mghair.com.br

CHARUTARIAS

BUCHANAN'S LOUNGE
BY RANIERI
Alameda Lorena, 1221
tel 11 3062 5504
www.ranieritabacaria.com.br

ESCH CAFÉ
Alameda Lorena, 1899
tel 11 3062 2285
www.esch.com.br

LENAT CIGAR BAR & CAFÉ
Rua Oscar Freire, 1174
tel 11 3082 5062
www.lenat.com.br

COMPRAS: LOJAS E SHOPPINGS

CHANEL
Shopping Cidade Jardim
Avenida Magalhães de
Castro, 12 000
tel 11 3552 3002
www.chanel.com

DASLU
Avenida Chedid Jafet, 131
tel 11 3841 3000
http://daslu.com.br

GALERIA OURO FINO
Rua Augusta, 2690
tel 11 3082 7860

GIORGIO ARMANI
Shopping Cidade Jardim
Avenida Magalhães de Castro, 12 000
tel 11 3323 3535
www.giorgioarmani.com

HERMÈS
Shopping Cidade Jardim
Avenida Magalhães de Castro, 12 000
www.hermes.com

MARC JACOBS
Rua Haddock Lobo, 1594
tel 11 3897 2699
www.marcjacobs.com

NK STORE
Rua Haddock Lobo, 1594
tel 11 3897 1500
www.nkstore.com.br/nk

SHOPPING CIDADE JARDIM
Avenida Magalhães de Castro, 12 000
tel 11 3552 1000
www.shoppingcidadejardimjhsf.com.br

TELHANORTE
Avenida Presidente Castelo Branco, 6201
tel 11 3868 6300
www.telhanorte.com.br

COMPRAS: RUAS

VINTE E CINCO DE MARÇO

VINTE E QUATRO DE MAIO

LADEIRA PORTO GERAL

SANTA EFIGÊNIA

AVENIDA EUROPA

GALERIAS E MUSEUS

GALERIA VERMELHO
Rua Minas Gerais, 350
tel 11 3138 1520
www.galeriavermelho.com.br

FORTES VILAÇA
Rua Fradique Coutinho, 1500
tel 11 3032 7066
www.fortesvilaca.com.br

MASP — MUSEU DE ARTE DE SÃO PAULO ASSIS CHATEAUBRIAND
Avenida Paulista, 1578
tel 11 3251 5644
www.masp.art.br

MUSEU DA LÍNGUA PORTUGUESA
Estação da Luz
Praça da Luz, s/ nº, Bom Retiro, região central
tel 11 3326 0775
www.museulinguaportuguesa.org.br

MUSEU DO FUTEBOL
Estádio do Pacaembu
Praça Charles Müller
tel 11 3663 3848
www.museudofutebol.org.br

PINACOTECA DO ESTADO
Praça da Luz, 2
tel 11 3324 1000
www.pinacoteca.org.br

HOSPITAIS

HOSPITAL SÍRIO-LIBANÊS
Rua Dona Adma Jafet, 91
tel 11 3155 0200
www.hospitalsiriolibanes.org.br

SOCIEDADE BENEFICENTE ISRAELITA BRASILEIRA ALBERT EINSTEIN
Avenida Albert Einstein, 627/701
tel 11 2151 1233
www.einstein.br

HOTÉIS

EMILIANO
Rua Oscar Freire, 384
tel 11 3068 4390
www.emiliano.com.br

FASANO
Rua Vitório Fasano, 88
tel 11 3062 4000
www.fasano.com.br

GRAND HYATT
Avenida das Nações Unidas, 13 301
tel 11 2838 1234

L'HOTEL
Alameda Campinas, 266
tel 11 2183 0500
www.lhotel.com.br

TIVOLI
Alameda Santos, 1437
tel 11 3146 5900
www.tivolihotels.com

UNIQUE
Avenida Brigadeiro Luís Antônio, 4700
tel 11 3055 4710
www.hotelunique.com.br

LIVRARIAS

LIVRARIA CULTURA
Conjunto Nacional
Avenida Paulista, 2073
tel 11 3170 4033
www.livrariacultura.com.br

LIVRARIA DA VILA
Shopping Cidade Jardim
Avenida Magalhães de Castro, 12 000
tel 11 3755 5811
www.livrariadavila.com.br

NOITE

BLUE SPACE
Rua Brigadeiro Galvão, 723
tel 11 3666 1616
www.bluespace.com.br

D-EDGE
Alameda Olga, 170
tel 11 3666 9022
www.d-edge.com.br

LOVE STORY
Rua Araújo, 232
tel 11 3231 2505

THE WEEK
Rua Guaicurus, 324
tel 11 3868 9944
www.theweek.com.br

VEGAS
Rua Augusta, 765
tel 11 3231 3705
www.vegasclub.com.br

PASSEIOS

BANCO SAFRA
Avenida Paulista, 2100
tel 11 3175 7575
www.safra.com.br

CLUBE ESPORTIVO HELVETIA
Avenida Indianópolis, 3145
tel 11 2275 6738
www.clubehelvetia.com.br

EDIFÍCIO COPAN
Avenida Ipiranga, 200
tel 11 3259 5917
www.copansp.com.br

FEIRA DA LIBERDADE
Praça da Liberdade
tel 11 3208 5090

FEIRA DE ANTIGUIDADES DA PAULISTA
Vão livre do MASP
Avenida Paulista, 1578

FEIRA DE ARTES, CULTURA E LAZER DA BENEDITO CALIXTO
Praça Benedito Calixto
tel 11 3081 1803

FEIRA DO BIXIGA
Praça Dom Orione
tel 11 3262 2198

GALERIA DO ROCK
Rua 24 de Maio, 62

IGREJA SÃO JOSÉ
Rua Dinamarca, 32
tel 11 3085 1506
www.saojosedojardimeuropa.com.br

MERCADO MUNICIPAL PAULISTANO
Rua da Cantareira, 306
tel 11 3313 2444
www.mercadomunicipal.com.br

PARQUE DA LUZ
Praça da Luz
tel 11 3227 3545

PARQUE TRIANON
Avenida Paulista, altura do nº 1700
tel 11 3289 2160

SALA SÃO PAULO
Praça Júlio Prestes, 16
tel 11 3223 3966
www.salasaopaulo.art.br

BUENOS AIRES

[cód +54]

BARES, CAFÉS E RESTAURANTES

BAR DO ALVEAR
Hotel Alvear
Avenida Alvear, 1891
tel 11 4808 2960
www.alvearpalace.com

BAR LA PERLA
Avenida Don Pedro de Mendoza, 1899
tel 11 4301 2985
www.barlaperla.com

CAFÉ DE LA PAIX
Avenida Quintana, 595
tel 11 4804 6820

CAFÉ TORTONI
Avenida de Mayo, 825
tel 11 4342 4328
www.cafetortoni.com.ar

CASA CRUZ
Uriarte, 1658
tel 11 4833 1112

EL BISTRO
Hotel Faena
Martha Salotti, 445
tel 11 4010 9000
www.faenahotelanduniverse.com

EL GLOBO
Hipólito Yrigoyen, 1199
tel 11 4381 3926

EL VIEJO ALMACÉN
Balcarce esquina com avenida Independencia
tel 11 4307 7388
www.viejoalmacen.com

FERVOR
Posadas, 1519
tel 11 4804 4944
www.fervorbrasas.com.ar

LA BIELA
Avenida Quintana, 596
tel 11 4804 0449
www.labiela.com

LA BRIGADA
Estados Unidos, 465
tel 11 4361 5557
www.labrigada.com

MICHELANGELO TANGO
Balcarce, 433
tel 11 4342 7007
www.tangoshow.com

MIRASOL
Posadas, 1032
tel 11 4326 7322
www.el-mirasol.com.ar

OVIEDO
Beruti, 2602
tel 11 4821 3741
www.oviedoresto.com.ar

RODI
Vicente López, 1900
tel 11 4801 5230

SOTTOVOCE
Avenida Libertador, 1098
tel 11 4807 6691
www.sottovoceristorante.com.ar

COMPRAS

CARTIER
Avenida Alvear, 1898
tel 11 4804 2422
www.cartier.com

GALERÍAS PACÍFICO
Florida esquina com Córdoba
tel 11 5555 5100
www.galeriaspacifico.com.ar

HARRODS
Florida, 877
tel 11 4322 8813
www.harrodsbuenosaires.com.ar

HERMÈS
Avenida Alvear, 1981
tel 11 4804 1209
www.hermes.com

LOUIS VUITTON
Avenida Alvear, 1901
tel 11 4802 0809
www.louisvuitton.com

POLO RALPH LAUREN
Avenida Alvear, 1780
tel 11 4812 3400
www.ralphlauren.com

SHOPPING PATIO BULLRICH
Avenida Libertador, 750
tel 11 4814 7400
www.shoppingbullrich.com.ar

HOTÉIS

ALVEAR
Avenida Alvear, 1891
tel 11 4808 2100
www.alvearpalace.com

CAESAR PARK
Posadas, 1232
tel 11 4819 1100
www.caesar-park.com

FAENA
Martha Salotti, 445
tel 11 4010 9000
www.faenahotelanduniverse.com

FOUR SEASONS
Posadas, 1086
tel 11 4321 1200
www.fourseasons.com

MARRIOTT PLAZA
Florida, 1005
tel 11 4318 3000
www.latinoamerica.marriott.com

SHERATON
Avenida Córdoba, 690
tel 11 4321 0000
www.starwoodhotels.com

ULISES
Ayacucho, 2016
tel 11 4804 4571
www.ulisesrecoleta.com.ar

LIVRARIA

EL ATENEO
Avenida Santa Fe, 1860
tel 11 4813 6052
www.elateneo.com.ar

MUSEUS

CASA CARLOS GARDEL
Jean Jaurès, 735
tel 11 4964 2015
www.museos.buenosaires.gov.ar

EVITA
Lafinur, 2988
tel 11 4807 0306
www.evitaperon.org

NOITE

CLUB GRICEL
La Rioja, 1180
tel 11 4957 7157

EL CABARET
Hotel Faena
Martha Salotti, 445
tel 11 4010 9000
www.faenahotelanduniverse.com

PASSEIOS

BOSQUES DE PALERMO
Avenida Libertador e Avenida Sarmiento

CASA ROSADA
Hipólito Yrigoyen, 219
tel 11 4344 3802

CEMITÉRIO DA RECOLETA
Junín, 1760
tel 11 4803 1594
www.bue.gov.ar

FEIRA DE SAN TELMO
Plaza Dorrego (esquina de Humberto I com Defensa)
www.feriadesantelmo.com

LA BOMBONERA
Brandsen, 805
www.bocajuniors.com.ar

LA CONCEPCIÓN
Bogota, 986, dpto. 2
(Lobos, a 120 km de Buenos Aires)
tel 11 4717 6597
www.fitozuberbuhler.com

PLAZA DE MAYO
Entre Bolívar, Hipólito Yrigoyen, Balcarce e Rivadavia
www.bue.gov.ar

PLAZA SAN MARTÍN
Entre Santa Fe, Libertador, Florida e Crucero Belgrano
www.bue.gov.ar

TEATROS

TEATRO ARLEQUINO
Adolfo Alsina, 1484
tel 11 4382 7775

TEATRO COLÓN
Cerrito, 618
www.bue.gov.ar

BERLIM

[cód +49]

BARES E RESTAURANTES

BORCHARDT
Französische Strasse 47
tel 030 8188 6262

BOTEQUIM CARIOCA
Linienstrasse 160
tel 030 2759 5019
www.botequimcarioca.de

DUNKELRESTAURANT UNSICHT-BAR
Gormannstrasse 14
tel 030 2434 2500
www.unsicht-bar.com

FRAROSA
Zionskirchstrasse 40
tel 030 6570 6756
www.weinerei.com

ZUR LETZTEN INSTANZ
Waisenstrasse 14-16
tel 030 242 5528
www.zurletzteninstanz.de

COMPRAS

EMPORIO ARMANI
Friedrichstrasse 169-170
tel 030 2061 5660
www.emporioarmani.com

GALERIES LAFAYETTE
Friedrichstrasse 76-78
tel 030 2094 8280
www.lafayette-berlin.de

KADEWE
Tauentzienstrasse 21-24
tel 030 21 210
www.kadewe.de

MAX MARA
Friedrichstrasse 184
tel 030 2007 4945
maxmara.com

ZARA
Friedrichstrasse, 88-89
tel 030 2007 3982
www.zara.com

HOTÉIS

HOTEL ADLON KEMPINSKI
Unter den Linden 77
tel 030 2261 1111
www.hotel-adlon.de

WESTIN GRAND HOTEL
Friedrichstrasse 158-164
tel 030 20 270
aktuelles.westin.de/berlin

IGREJAS

BERLINER DOM
Am Lustgarten
tel 030 2026 9136
www.berlinerdom.de

GEDÄCHTNISKIRCHE
Am Breitscheidplatz, Charlottenburg
www.gedaechtniskirche-berlin.de

NEUE SYNAGOGE
Oranienburger Strasse 28-30
tel 030 8802 8300
www.cjudaicum.de

MUSEUS

ALTE NATIONALGALERIE
ALTES MUSEUM
BODE-MUSEUM
PERGAMONMUSEUM
Ver site dos Staatliche Museen zu Berlin (Museus Nacionais de Berlim)
www.smb.museum

ALLIIERTEN MUSEUM
Clayallee 135
tel 030 818 1990
www.alliiertenmuseum.de

BEATE UHSE EROTIK MUSEUM
Joachimsthaler Strasse 4
tel 030 886 0666
www.erotikmuseum.de

HELMUT NEWTON FOUNDATION
Jebensstrasse 2
tel 030 3186 4856
www.helmutnewton.com

JÜDISCHES MUSEUM BERLIN
Lindenstrasse 9-14
tel 030 2599 3300
www.jmberlin.de

MARTIN-GROPIUS-BAU
Niederkirchner Strasse 7
tel 030 25 4860
www.gropiusbau.de

NEUES MUSEUM
Bodestrasse 1-3
tel 030 266 42 4242
www.neues-museum.de

NOITE

BAR 25
Holzmarktstrasse 25
www.bar25.de

BERGHAIN
Am Wriezener Bahnhof
tel 030 881 4908
www.berghain.de

CHANTAL'S HOUSE OF SHAME
Schönhauser Allee 176
tel 030 281 8323
www.myspace.com/
chantalshouseofshame

CLUB DER VISIONÄRE
Am Flutgraben 1, Kreuzberg,
tel 6951-8944
www.clubdervisionaere.com

HAUS B
Warschauer Platz 18
tel 030 296 0800
www.dashausb.de

KITKATCLUB
Kopenicker Strasse 76
www.kitkaclub.org

MARIA AM OSTBAHNHOF
Stralauer Platz 33-34
tel 030 2123 8190
www.clubmaria.de

ROSES
Oranienstrasse 187
tel 030 615 6570

ROTE ROSE
Adalbertstrasse, 90

SO36
Oranienstrasse 190
tel 030 6140 1306
www.so36.de

WATERGATE
Falckensteinstrasse 49
www.water-gate.de

PASSEIOS

BUNDESPRESSESTRAND
Kapelle-Ufer 1
tel 030 2809 9119
www.desbundespressestrand.de

MEMORIAL AOS JUDEUS MORTOS NA EUROPA
Cora-Berliner-Strasse 1
tel 030 2639 4336
www.stiftung-denkmal.de

MEMORIAL ÀS VÍTIMAS DA GUERRA E DA TIRANIA
Neue Wache
Unter den Linden 4
tel 030 9020 5555

MERCADO DAS PULGAS
Arkonaplatz
tel 030 786 9764

TOPOGRAFIA DO TERROR
Niederkirchnerstrasse 8
tel 030 2545 0950
www.topographie.de

TEATROS

CHAMÄLEON
Rosenthaler Strasse 40-41
tel 030 4000 5930
www.chamaeleonberlin.de

FILARMÔNICA DE BERLIM
Herbert-von-Karajan-Strasse 1
tel 030 25 4880
www.berliner-philharmoniker.de

LONDRES

[cód +44]

BARES E RESTAURANTES

DUKES BAR
Dukes Hotel
St. James's Place
tel 020 7491 4840
www.dukeshotel.com

NOBU
19 Old Park Lane
tel 020 7447 4747
www.noburestaurants.com/london

OSTERIA SAN LORENZO
22 Beauchamp Place
tel 020 7584 1074
www.labyrintos.com/

SCOTTS
20 Mount Street
tel 020 7495 7309
www.scotts-restaurant.com

THE BAR AT THE DORCHESTER
Hotel The Dorchester
Park Lane
tel 020 7629 8888
www.thedorchester.com

WILTONS
55 Jermyn Street
tel 020 7629 9955
www.wiltons.co.uk

COMPRAS

ABERCROMBIE & FITCH
7 Burlington Gardens
tel 0 844 412 5750
www.abercrombie.com

BERETTA GALLERY
36 St. James's Street
tel 020 7408 4411
www.berettagallery.com

BERRY BRO'S & RUDD
3 St. James's Street
tel 0 800 280 2440
www.bbr.com

BURLINGTON ARCADE
Piccadilly
tel 020 7631 0550
www.burlington-arcade.co.uk

DAVIDOFF
35 St. James's Street
tel 020 7930 3079
www.davidoff.com

FLORIS
89 Jermyn Street
tel 0 845 702 3239
www.florislondon.com

FORTNUM & MASON
181 Piccadilly
tel 020 7734 8040
www.fortnumandmason.com

HARRODS
87-135 Brompton Road
tel 020 7730 1234
www.harrods.com

HENRY POOLE
15 Savile Row
tel 020 7734 5985
www.henrypoole.com

JOHN LOBB
9 St. James's Street
tel 020 7930 3664
www.johnlobbltd.co.uk

LOCK & HATTERS
6 St. James's Street
tel 020 7930 8874
www.lockhatters.co.uk

LOUIS VUITTON
160 New Bond Street
tel 020 7758 9288
www.louisvuitton.com

TURNBULL & ASSER
71-72 Jermyn Street
tel 020 7808 3000
www.turnbullandasser.com

VINTAGE WATCH
24 Burlington Arcade
tel 020 7499 2032
www.vintagewatchcompany.com

HOTÉIS

DUKES HOTEL
St. Jame's Place
tel 020 7491 4840
www.dukeshotel.com

RITZ
150 Piccadilly
tel 020 7493 8181
www.theritzlondon.com

PASSEIOS

BRITISH MUSEUM
Great Russell Street
tel 020 7323 8000
www.britishmuseum.org

HYDE PARK
Greater London
tel 020 7298 2100
www.royalparks.org.uk

LONDON EYE
South Bank
tel 0 870 990 8883
www.londoneye.com

PALÁCIO DE BUCKINGHAM
tel 020 7766 7300
www.royal.gov.uk

TORRE DE LONDRES
Tower Hill
tel 0 844 482 7777
www.hrp.org.uk

AGRADECIMENTOS

Foi complicado fazer este livro; andei por lugares que conhecia pouco, mas contei com o apoio de pessoas que me ajudaram, e muito. Meus agradecimentos sinceros a meus novos e a meus velhos amigos, que me deram coragem para enfrentar cidades que nunca tinha visto e para falar delas do jeito que as vi, do jeito que as conheci, do jeito que as amei. Obrigada a vários Wainer — Pinky, João, Rita —, a Dudu Bertolini, Elio Gaspari, Vera Souza Lima, Emília Mello, Márcia Carmo, Jorge de Castro, Maria Leão, famosa na noite berlinense como Marie L., DJ, baterista e percussionista, e um obrigada especial a meu anjo da guarda Maria Emília Bender, que me acompanhou linha a linha durante esta longa viagem com o carinho e a amizade de sempre, e a minha querida Márcia Copola, que cuida dos meus erros e é a responsável pelos meus acertos. E a Luiz Schwarcz, claro, que sempre consegue me convencer de que vou ser capaz de fazer o que ele quer. Até a próxima.

Esta obra foi composta em
Electra por warrakloureiro
e impressa em ofsete pela
Geográfica sobre papel
Pólen Bold da Suzano Papel
e Celulose para a Editora Schwarcz
em dezembro de 2009